课本里的作家

爱阅读
学生精读版
★★★★★

课本里的作家

带上她的眼睛

刘慈欣 / 著

中学语文同步阅读
七年级
彩插精读版

山东教育出版社
·济南·

图书在版编目（CIP）数据

带上她的眼睛 / 刘慈欣著 . — 济南 : 山东教育出版社，2025．5．—（爱阅读 · 课本里的作家）．—ISBN 978-7-5701-3600-1

Ⅰ．G634.333

中国国家版本馆 CIP 数据核字第 20257CK653 号

DAI SHANG TA DE YANJING

带上她的眼睛

刘慈欣　著

主管单位：山东出版传媒股份有限公司

出版发行：山东教育出版社

地址：济南市市中区二环南路 2066 号 4 区 1 号　邮编：250003

电话：（0531）82092600　　网址：www.sjs.com.cn

印　　刷：肥城新华印刷有限公司

版　　次：2025 年 5 月第 1 版

印　　次：2025 年 5 月第 1 次印刷

开　　本：700 mm × 1000 mm　1/16

印　　张：14

字　　数：168 千

定　　价：39.80 元

我们的汽车混在不见首尾的车队中，沿着光滑的钢铁公路向上爬行。我们的左边是青色的金属峭壁，右边是万丈深渊。

我们的汽车沿着海岸走，天空中布满了火流星，那些红发恶魔好像是从太空中的某一个点同时迸发出来的。一颗流星在距海岸不远处击中了海面，没有看到水柱，但水蒸气形成的白色蘑菇云高高地升起。

看到闪电停了，孩子们跑出教室，他们发现自己置身于一个荧光世界中，在黑色的夜空下，外面的一切——树木、房屋、地面……全都发出蓝绿色的荧光。

超新星纪元 夜空骄阳

乡村教师

娃们在那个小小的坟头上立了一块石板，上面用粉笔写着“李老师之墓”。

天空中的6个太阳已斜向西方，很快落到地平线下。当西天只剩下两个太阳时，启明星出现了，接着，真正的太阳在东方映出霞光。

时间移民

白垩纪往事

蚂蚁军队离开后，控制室内一片宁静，卡奇卡向窗子爬去，若列跟着它。两只蚂蚁爬到窗前时，正好看到了一幅奇景：此时是夜色将尽的凌晨，天空中有一轮残月。

总序

北京书香文雅图书文化有限公司的李继勇先生与我联系，说他们策划了一套《爱阅读·课本里的作家》丛书，读者对象主要是中小学生，可以作为学生的课外阅读用书，希望我写篇序。作为一名语文教育工作者，在中共中央办公厅、国务院办公厅印发《关于进一步减轻义务教育阶段学生作业负担和校外培训负担的意见》（以下简称“双减”）的大背景下，为学生推荐这套优秀课外读物责无旁贷，也更有意义。

一、“双减”政策以后怎么办?

“双减”政策对义务教育阶段学生的作业和校外培训作出严格规定。我认为这是一件好事。曾几何时，我们的中小学生作业负担重，不少学生不是在各种各样的培训班里，就是在去培训班的路上。学生“学”无宁日，备尝艰辛；家长们焦虑不安，苦不堪言。校外培训机构为了增强吸引力，到处挖掘优秀教师资源，有些老师受利益驱使，不能安心从教。他们的行为破坏了教育生态，违背了教育规律，严重影响了我国教育改革发展。教育是什么?教育是唤醒，是点燃，是激发。而校外培训的噱头仅仅是提高考试成绩，让学生在中高考中占得先机。他们的广告词是“提高一分，干掉千人”，大肆渲染“分数为王”，在这种压力之下，学生面对的是“分萧萧兮题海寒”，不得不深陷题海，机械刷题。假如只有一部分学生上培训班，提高的可能是分数。但是，如果大多数学生或者所有学生都去上培训班，那提高的就不是分数，而只是分数线。教育的根本任务是立德树人，是培根铸魂，是启智增慧，是让学生的德智体美劳全面发展，是培养社会主义建设者和接班人，是为中华民族伟大复兴提供人才，而不是培养只会考试的“机器”，更不能被资本所“绑架”。所以中央才“出重拳”“放实招”，目的就是要减轻学生过重的课业负担，减轻家长过重的经济和精神负担。

“双减”政策出台后，学生们一片欢呼，再也不用在各种培训班之间来回奔波了，但家长产生了新的焦虑：孩子的学习成绩怎么办？而对学校老师来说，这是一个新挑战、新任务，当然也是新机遇。学生在校时间增加，要求老师提升教学水平，科学合理地布置作业，同时开展课外延伸服务，事实上是老师陪伴学生的时间增加了。这部分在校时间怎么安排？如何让学生利用好课外时间？这一切都考验着老师们的智慧。而开展各种课外活动正好可以解决这个难题，比如：热爱人文的学生，可以开展阅读写作、演讲辩论，学习中华优秀传统文化和民风民俗等社团活动；喜爱数理的学生，可以组织科普科幻、实验研究、统计测量、天文观测等兴趣小组；也可以开展体育比赛、艺术（音乐、美术、书法、戏剧……）体验和劳动教育等实践活动。当然，所有的活动都应以培养学生的兴趣爱好为目的，以自愿参加为前提。学校开展课后服务，可以多方面拓展资源，比如博物馆、图书馆、科技馆、陈列馆、少年宫、青少年活动中心，甚至校外培训机构的优质服务资源，还可组织征文比赛、志愿服务、社会调查等，助力学生全面发展。

二、课外阅读新机遇

近年来，新课标、新教材、新高考成为语文教育改革的热词。我曾经看到一个视频，说语文在中高考中的地位提高了，难度也加大了。这种说法有一定道理，但并不准确。说它有一定道理，是因为语文能力主要指一个人的阅读和写作能力，而阅读和写作能力又是一个人综合素养的体现。语文能力强，有助于学习别的学科。比如数学、物理中的应用题，如果阅读能力上不去，读不懂题干，便不能准确把握解题要领，也就没法准确答题；英语中的英译汉、汉译英题更是考查学生的语言表达能力；历史题和政治题往往是给一段材料，让学生去分析、判断，得出结论，并表述自己的观点或看法。从这点来说，语文在中高考中的地位提高有一定道理。说它不准确，有两个方面的理由：一是语文学科本来就重要，不是现在才变得重要，之所以产生这种错觉，是因为在应试教育的背景下，语文的重要性被弱化了；二是语文考试的难度并没有增加，增加的只是阅读思维的宽度和广度，考查的是阅读理解、信息筛选、应用写作、语言表达、批判性思维、辩证思维等关键能力。可以说，真正的素质教育必须重视语文，因为语文是工具，是基础。不少家长和教师认为课外阅读浪费学习时间，这主要是教育观念问题。他们之所以有这种想法，无非是认为考试才是最终目的，希望孩子可以把更多的时间用在“刷题”上。他们只看到课标和教材的变化，以为考试还是过去那一套，其实，考试评价已发生深刻变革。目前，考试评价改革与新课标、新教材改革是同向同行的，都是围绕立德树人做文章。中共中央、国务院印发的《深化新时代教育评价改革总体方案》明确指出：“稳步推进中高考改革，构建引导学生德智体美劳全面发展的考试内容体系，改变相对固化的试题形式，增强试题开放性，减少死记硬背和‘机械刷题’现象。”显然就是要用中高考“指挥棒”引领素质教育。新高考招生录取强调“两依据，一参考”，即以高考成绩和高中学业水平考试成绩为依据，以综合素质评价为参考。这也就是说，高考成绩不再是高校选拔新生的唯一标准，不只看谁考的分数高，而是看谁更有发展潜力、更有创造性，综合素质更高，从而实现由“招分”向“招人”的转变。而这绝不是仅凭一张高考试卷就能够区分出来的，“机械刷题”无助于全面发展，必须在课内学习的基础上，辅之以内容广泛的课外阅读，才能全面提高综合素养。

三、“爱阅读”助力成长

这套《爱阅读·课本里的作家》丛书是为中小学生读者量身打造的，符合《义务教育语文课程标准》倡导的“好读书、读好书、读整本的书”的课改理念，可以作为学生课内学习的有益补充。我一向认为，要学好语文，一要读好三本书，二要写好两篇文，三要养成四个好习惯。三本书指“有字之书”“无字之书”“心灵之书”，两篇文指“规矩文”“放胆文”，四个好习惯指享受阅读的习惯、善于思考的习惯、乐于表达的习惯和自主学习的习惯。古人说“读万卷书，行万里路”，实际上就是要处理好读书与实践的关系。对于中小学生来说，读书首先是读好“有字之书”。“有字之书”，有课本，有课外自读课本，还有“爱阅读”这样的课外读物。读书时我们不能眉毛胡子一把抓，要区分不同的书，采取不同的读法。一般说来，读法有精读，有略读。精读需要字斟句酌，需要咬文嚼字，但费时费力。当然也不是所有的书都需要精读，可以根据自己的需要决定精读还是略读。新课标提倡中小学生进行整本书阅读，但是学生往往不能耐着性子读完一整本书。新课标提倡的整本书阅读，主要是针对过去的单篇教学来说的，并不是说每本书都要从头读到尾。

教材设计的练习项目也是有弹性的、可选择的，不可能有统一的“阅读计划”。我的建议是，整本书阅读应把精读、略读与浏览结合起来，精读重在示范，略读重在博览，浏览略观大意即可，三者相辅相成，不宜偏于一隅。不仅如此，学生还可以把阅读与写作、读书与实践、课内与课外结合起来。整本书阅读重在掌握阅读方法，拓展阅读视野，培养读书兴趣，养成阅读习惯。

再说写好两篇文。学生读得多了，素养提高了，自然有话想说，有自己的观点和看法要发表。发表的形式可以是口头的，也可以是书面的，书面表达就是写作。写好两篇文，一篇规矩文，一篇放胆文。规矩文重打基础，放胆文更见才气。规矩文要求练好写作基本功，包括审题、立意、选材、构思等，同时还要掌握记叙文、议论文、说明文、应用文的基本要领和写作规范。规矩文的写作要在教师的指导下进行。放胆文则鼓励学生放飞自我、大胆想象，各呈创意、各展所长，尤其是展现自己的写作能力、语言表达能力、批判性思维能力和辩证思维能力。放胆文的写作可以多种多样，除了写大作文，也可以写小作文。有兴趣的学生还可以进行文学创作，写诗歌、小说、散文、剧本等。

学习语文还要养成四个好习惯。第一，享受阅读的习惯。爱阅读非常重要，每个同学都应该有自己的个性化书单。有的同学喜欢网络小说也没有关系，但需要防止沉迷其中，钻进“死胡同”。这套《爱阅读·课本里的作家》丛书，给中小学生课外阅读提供了大量古今中外的名家名作。第二，善于思考的习惯。在这个大众创业、万众创新的时代，创新人才的标准，已不再是把已有的知识烂熟于心，而是能够独立思考，敢于质疑，能够自己去发现问题、提出问题和解决问题，需要具有探究质疑能力、独立思考能力、批判性思维和辩证思维能力。第三，乐于表达的习惯。表达的乐趣在于说或写的过程，这个过程比说得好、写得完美更重要。写作形式可以不拘一格，比如作文、日记、笔记、随笔、漫画等。第四，自主学习的习惯。我的地盘我做主，我的语文我做主。不是为老师学，也不是为父母长辈学，而是为自己的精神成长学，为自己的未来学。

愿广大中小学生能借助这套《爱阅读·课本里的作家》丛书，真正爱上阅读，插上想象的翅膀，飞向未来的广阔天地！

顾之川

目录

我爱读课文

作家经典作品

我爱读课文

原文赏读

▶名著导读课堂
▶作家故事影像
▶阅读技巧点拨
▶漫游世界名著
扫码获取

带上她的眼睛

体　　裁：科幻小说
作　　者：刘慈欣
创作时间：1999 年 10 月
作品出处：部编版语文七年级（下册）
内容简介：这是一篇优秀的科幻小说。作者通过讲述“我”带着一个小姑娘的眼睛去旅行的故事，叙述了“落日六号”领航员小姑娘的不幸遭遇，赞美了小姑娘不怕牺牲、乐观向上、爱岗敬业、坚持进行科学考察的精神。

读前导航

阅读准备

科幻小说，是一种起源于近代西方，随着近代科学技术的蓬勃发展而产生的文学样式，属于小说类别之一。人们通常将“科学”“幻想”和“小说”视为其三要素。科幻小说历来有“软”“硬”之分。“软科幻”指回避小说中的科技原理，以传统的小说元素，如情节、人物、心理描写见长；“硬科幻”指对小说涉及的科技原理尽量运用、理性诠释，而往往忽略小说的人文关怀要素。

刘慈欣的科幻小说兼两者之长而去其短，作品中既有充盈丰沛的人文关怀精神，又有依据科学原理的大胆想象。刘慈欣擅长“密集叙事”和“时间跳跃”的写作手法，叙事技巧高超；故事紧凑、情节生动，在看似平实朴素的语言中，却浓重渲染出科学和自然的伟大力量，在令读者陷入幻想的同时，又能给读者深刻的启发。

目标我知道

学习重点	把握故事内容，厘清故事情节，理解文章的主旨
学习难点	理解文章的巧妙构思，把握文章的叙写线索，体会作者的情感
素养培养	了解科幻小说的特点，激发自己的想象力与创造力，培养自己的艺术素养
知识与能力	了解作者及其作品，学习作者“密集叙事”和“时间跳跃”的写作手法

背景我来探

《带上她的眼睛》是根据刘慈欣的同名小说改编而成的。1999 年，刘慈欣发表短篇小说《带上她的眼睛》，同年，这部作品获得中国科幻银河奖一等奖。文中的“眼睛”可将所看到的一切图像、感受到的一切触感，通过超高频信息波发射出去，并被远方的另一个佩戴同样设备的人接收。本文深刻探讨了人性、生命和科技的关系。在极端环境下，人性的光辉得以彰显，生命的价值得到重视审视。

精彩赏读

课本原文

带上她的眼睛

①我要去度假，主任让我再带一双眼睛去。

（段解：为什么要带一双“眼睛”？是谁的“眼睛”？“眼睛”还能被带走？文章开头就设下悬念，激发读者阅读兴趣，同时揭示文章的主要情节。）

②主任递给我一双眼睛，指指前面的大屏幕，把眼睛的主人介绍给我，是一个好像刚毕业的小姑娘，[1]在肥大的太空服中，显得很娇小，她面前有一支失重的铅笔飘在空中。

[1] 此处突显了小姑娘的年轻，为后文埋下伏笔。

③我问她想去哪里。

④这个决定对她似乎很艰难，她的双手在太空服的手套里，握在胸前，双眼半闭着，似乎认为地球在我们这次短暂的旅行后就要爆炸了[2]，我不由笑出声来。

[2] 此处是细节描写，为后文揭示她特殊的工作性质埋下伏笔。

（段解：为什么小姑娘态度如此庄重？为什么她这么珍惜这次机会？此处设置悬念，为下文做铺垫。）

⑤“那就去我们起航前去过的地方吧。”她说。

【第一部分（①—⑤段）：开端，主任让“我”带上“她的眼睛”去度假。】

⑥这是高山与草原的交接处，大草原从我面前一直延伸到天边，背后的群山覆盖着绿色的森林，几座山顶还有银色的雪冠。

（段解：描写“我”看到的草原景色。）

⑦我掏出她的眼睛戴上。

⑧所谓眼睛就是一副传感眼镜，当你戴上它时，你所看到的一切图像由超高频信息波发射出去，可以被远方的另一个戴同样传感眼镜的人接收到，于是他就能看到你所看到的一切，就像你带着他的眼睛一样；它还能通过采集戴着它的人的脑电波，把触觉和味觉一同发射出去。现在，每个长时间在太空中工作的宇航员在地球上都有了另一双眼睛，由这里真正能去度假的幸运儿带上这双眼睛，让身处外太空的那个思乡者分享他的快乐。

（段解：科学解释“眼睛”，也就是传感眼镜的神奇作用。）

⑨“这里真好！”她轻柔的声音从她的眼睛中传出来，“我现在就像从很深很深的水底冲出来呼吸到空气，我太怕封闭了。”[1]

[1]“太怕封闭了”为下文小姑娘所处的环境埋下伏笔。

⑩我从眼睛中真的听到她在做深呼吸，我说：“可你现在并不封闭，同你周围的太空比起来，这草原太小了。”

⑪她沉默了，似乎连呼吸都停止了，但几秒钟后，她突然惊叫：“呀，花，有花啊！上次我来时没有的！”

⑫是的，广阔的草原上到处点缀着星星点点的小花。“能近些看看那朵花吗？”我蹲下来看。“呀，真美！能闻闻它吗？不，别拔下它！”我只好趴到地上闻，一缕淡淡的清香。“啊，我也闻到了，真像一首隐隐传来的小夜曲呢……”

⑬我在草原上漫步，很快来到一条隐没在草丛中的小溪旁。她叫住了我说：“我真想把手伸到小河里。”我蹲下来把手伸进溪水，一股清凉流遍全身，她的眼睛用超高频信息波把这感觉传给远在太空中的她，我又听到了她的感叹。

（段解：“我”带着她的眼睛感受水的清凉。）

⑭“你那儿很热吧？”我想起了从屏幕上看到的她那窄小的控制舱和隔热系统异常发达的太空服。

⑮“热，热得像……地狱。[1]呀，天啊，这是什么？草原的风？！”这时我刚把手从水中拿出来，微风吹在湿手上凉丝丝的，她让我把双手举在草原的微风中，直到手被吹干。

[1] 此处运用夸张的修辞手法，表现了小姑娘所处环境的恶劣，并为后文的情节发展埋下伏笔。

⑯…………

⑰我带着她的眼睛在草原上转了一天，她渴望看草原上的每一朵野花，每一棵小草，看草丛中跃动的每一缕阳光；一条突然出现的小溪，一阵不期而至的微风，都会令她激动不已……我感到，她对这个世界的情感已丰富到不正常的程度。[2]

【不期而至】事先没有约定而意外到来。期：约定时日。

[2]“不正常”说明“我”对小姑娘看见景色的表现很疑惑，为下文的情节转折埋下伏笔。

⑱日落前，我走到了草原中一间孤零零的白色小屋，那是为旅游者准备的一间小旅店，只有一个迟钝的老式机器人照看着旅店里的一切。

⑲夜里我刚睡着，她就通过眼睛叫醒了我：“请带我出去好吗？我们去看月亮，月亮该升起来了！”

⑳我睡眼蒙眬中很不情愿地起了床，到外面后发现月亮真的刚升起来，月光下的草原也在沉睡。

（段解：“我”对小姑娘的要求有些不情愿，这也是“我”不知情时的正常反应。）

㉑ 我伸了个懒腰，对着夜空说：“你在太空中不也一样能看到月亮吗？喂，告诉我你的飞船的大概方位，说不定我还能看到呢。”

㉒ 她没有回答我的话，而是自己轻轻哼起了一首曲子，哼了一小段后，她说：“这是德彪西的《月光》。”直到一个小时后我回去躺到床上，她还在哼着《月光》，那轻柔的旋律一直在我的梦中飘荡着。

㉓ 第二天清晨，阴云布满了天空，草原笼罩在蒙蒙的小雨中，我从眼睛中听到了她轻轻的叹息声。

㉔ “看不到日出了，好想看草原的日出……听，这是今天的第一声鸟叫，雨中也有鸟呢！”[1]

[1] 小姑娘想看日出的愿望不能实现，但是鸟叫声仍让她感到兴奋，表现出小姑娘乐观的性格，同时也为下文埋下伏笔。

【第二部分（⑥—㉔段）：发展，“我”来到小姑娘起航前的地方，在草原上度假。】

㉕ 又回到了灰色的生活和忙碌的工作中，以上的经历很快就淡忘了。很长时间后，我想起洗那些那次旅行时穿的衣服时，在裤脚上发现了两三颗草籽。同时，在我的意识深处，也有一颗小小的种子留了下来。在我孤独寂寞的精神沙漠中，那颗种子已长出了令人难以察觉的绿芽。虽然是无意识的，当一天的劳累结束后，我已能感觉到晚风吹到脸上时那淡淡的诗意，鸟儿的鸣叫已能引起我的注意，我甚至黄昏时站在天桥上，

看着夜幕降临城市……世界在我的眼中仍是灰色的，但星星点点的嫩绿在其中出现，并在增多。当这种变化发展到让我觉察出来时，我又想起了她。

（**段解：因为小姑娘，“我”的精神世界发生了变化。**）

㉖也是无意识的，在闲暇时甚至睡梦中，她身处的环境常在我的脑海中出现，那封闭窄小的控制舱，奇怪的隔热太空服……后来这些东西在我的意识中都隐去了，只有一样东西凸现出来，这就是那在她头顶上打转的失重的铅笔，不知为什么，一闭上眼睛，这支铅笔总在我的眼前飘浮。终于有一天，上班时我走进航天中心高大的门厅，一幅见过无数次的巨大壁画把我吸引住了，壁画上是从太空中拍摄的蔚蓝色的地球。那支飘浮的铅笔又在我的眼前出现了，同壁画叠印在一起，我又听到了她的声音：“我怕封闭……”一道闪电在我的脑海里出现。

㉗我发疯似的跑上楼，猛砸主任办公室的门，他不在，我心有灵犀地知道他在哪儿，就飞跑到存放眼睛的那个小房间，[1]他果然在里面，看着大屏幕。她在大屏幕上，还在那个封闭的控制舱中，穿着那件“太空服”，画面凝固着，是以前录下来的。“是为了她

【心有灵犀】指彼此的心意相通。

[1]通过对“我”一系列的动作描写，表现出“我”想知道自己的猜测是否正确的迫切心情。

来的吧。”主任说，眼睛还看着屏幕。

[1] 问号和感叹号连用，表现出“我”情绪极为激动。

㉘“她到底在哪儿？！”[1]我大声问。

㉙“你可能已经猜到了，她是‘落日六号’的领航员。”

㉚一切都明白了，我无力地跌坐在地毯上。

㉛除了太空，还有一个地方会失重！！

㉜“落日工程”是一系列的探险航行，它的航行程序同航天中心的其他航行几乎一样，唯一不同的是，“落日”飞船不是飞向太空，而是潜入地球深处。

㉝第一次太空飞行一个半世纪后，人类开始了向相反方向的探险，“落日”系列地航飞船就是这种探险的首次尝试。

㉞我记得“落日一号”发射时的情景。那时正是深夜，吐鲁番盆地的中央出现了一个如小太阳般的火球，当火球暗下来时，“落日一号”已潜入地层，只在潜入点留下了一个岩浆的小湖泊，发出耀眼的红光。那一夜，在几百公里外都能感到飞船穿过地层时传到大地上的微微震动。

㉟宇宙航行是寂寞的，但宇航员们能看到无限的太空和壮丽的星群；而地航飞船上的地航员们，只能从飞船上的全息后视电视中看到这样的情景：炽热的岩浆刺目地闪亮着，翻滚着，随着飞船的下潜，在船

尾飞快地合拢起来，瞬间充满了飞船通过的空间。飞船上方那巨量的地层物质在不断增厚，产生了一种地面上的人难以想象的压抑感。

（段解：描写地航员们在飞船上看到的景象，体现了环境的恶劣。）

㊱“落日工程”的前五艘飞船都成功地完成了地层航行，安全返回地面。“落日六号”的航行开始很顺利，但在飞船航行 15 小时 40 分钟时，警报出现了。从地层雷达的探测中得知，航行区的物质密度急剧增高，物质成分由硅酸盐类突然变为以铁镍为主的金属，物质状态也由固态变为液态，飞船显然误入了地核区域。“落日六号”立刻紧急转向，企图冲出这个危险区域。当飞船在远大于设计密度和设计压力的液态铁镍中转向时，发动机与主舱结合部断裂，失去发动机的飞船在地层中失去了动力，“落日六号”在液态的地核物质中向地心沉下去。

【镍（niè）】，一种金属元素。

（段解：描写“落日六号”发生事故的全过程。）

㊲现在的地航飞船误入地核，就如同 20 世纪中期的登月飞船偏离月球迷失于外太空，获救的希望是丝毫不存在的。

㊳好在“落日六号”主舱的船体是可靠的，船上的中微子通信系统仍和地面控制中心保持着联系。在以后的一年中，“落日六号”航行组仍坚持工作，把从地核中得到的大量宝贵资料发送到地面。飞船被裹在6000多公里厚的物质中，船外别说空气和生命，连空间都没有，周围是温度高达5000摄氏度，压力可以把碳在一秒钟内变成金刚石的液态铁镍！它们密密地挤在“落日六号”的周围，密得只有中微子才能穿过，“落日六号”仿佛是处于一个巨大的炼钢炉中！在这样的世界里，生命算什么？仅仅能用脆弱来描述它吗？

（段解：写出了地航员们工作环境的恶劣，突显了人类探索未知世界的崇高情怀。同时，“温度高达5000摄氏度”“处于一个巨大的炼钢炉中”与前文“热得像……地狱”形成照应。）

㊴后来，航行组中的另外两名地航员在事故中受伤，不久相继去世，从那以后，在“落日六号”上，只剩下她一个人了。

㊵现在，“落日六号”内部已完全处于失重状态，飞船已下沉到6300公里深处，那里是地球的最深处，她是第一个到达地心的人。

㊶她在地心的世界是那个活动范围不到10立方

米的闷热的控制舱。[1]飞船上有一个中微子传感眼镜，这个装置使她同地面世界多少保持着一些感性的联系。但这种如同生命线的联系不能长时间延续下去，飞船里中微子通信设备的能量最后耗尽，这种联系在两个月前就中断了，具体时间是在我从草原返回航天中心的途中。

㊷那个没有日出的细雨蒙蒙的草原早晨，竟是她最后看到的地面世界。[2]

㊸“落日六号”的中子材料外壳足以抵抗地心的巨大压力，而飞船上的生命循环系统还可以运行50至80年，她将在这不到10立方米的地心世界里度过自己的余生。[3]

㊹我听到了她同地面最后通信的录音，这时来自地心的中微子波束已很弱，她的声音时断时续，但这声音很平静。

㊺“……今后，我会按照研究计划努力工作的。将来，也许会有地心飞船找到‘落日六号’并同它对接，但愿那时我留下的资料会有用。请你们放心，我现在已适应这里，不再觉得狭窄和封闭了，整个世界都围着我呀，我闭上眼睛就能看见上面的大草原，还可以清楚地看见那里的每一朵小花呢……”

[1] 说明了是第一，也是唯一的情况。孤寂和封闭是常人无法忍受的，但小姑娘却坦然接受，与前文“我太怕封闭了”形成照应。这种在绝境中生存下去的勇气震撼人心。

[2] 与前文小姑娘看不到日出的失望心情形成照应。

[3] “50至80年”“度过自己的余生”与前文“好像刚毕业的小姑娘”形成对照。一个年轻的生命，却要终老在封闭的地心，让人对她既同情又肃然起敬。

（段解：通过语言描写，表现出小姑娘不怕牺牲，坚持进行科学考察的精神品质。）

【第三部分（㉕—㊺段）：高潮，“我”发现了小姑娘的真实身份，并补叙地航船失事的情况。】

㊻在以后的岁月中，地球常常在我脑海中就变得透明了，在我下面6000多公里深处，我看到了停泊在地心的“落日六号”地航飞船，感受到了从地球中心传出的她的心跳，听到了她吟唱的《月光》。

（段解：写出了“我”对小姑娘深深的思念。）

【天涯海角】指极远的地方或彼此之间相隔极远。

㊼有一个想法安慰着我：不管走到天涯海角，我离她都不会再远了。

【第四部分（㊻—㊼段）：结局，“我”挂念小姑娘，带着无限的伤感和咏叹。】

作品赏析

文章以“我”带着一个小姑娘的眼睛去旅行为明线，小姑娘与“落日六号”的遭遇为暗线，讲述了由于地航飞船失事，领航员小姑娘被困在地心，“我”带着她的眼睛进行了最后一次旅行，欣赏地面美景的故事。文章赞美了小姑娘不怕牺牲、乐观向上、爱岗敬业、坚持进行科学考察的精神。同时展现了在残酷的大自然面前，弱小的人类不畏困难、勇于探险未知世界的崇高情怀。

本文是科学与幻想巧妙结合的成果，文中的“落日六号”虽是作者的想象，但又有着科学依据，如对“落日六号”的细致描写就是以地质科学（地幔、地核等）与航天技术（飞船、雷达、中微子通信系统等）为依托的。作者用专业术语与精确的数字，对“落日六号”如何潜入地底、如何运作、如何失事进行了客观、清晰、周密和翔实的描绘，不仅表现出了科学的内涵，更赋予了整个故事一种悲壮的气势。

积累与表达

日积月累

1. 给时光以生命，给岁月以文明。

——刘慈欣《三体》

2. 我们都是宇宙中的一粒尘埃，我们的存在微不足道，但我们都有可能成为自己命运的创造者。

——刘慈欣《三体》

3. 一颗颗星如一只只遥远的眸子，从宇宙无边的夜海深处一眨一眨地看着人类世界。

——刘慈欣《超新星纪元》

4. 去哪儿不重要，我觉得人在旅途中，感觉就很美。

——刘慈欣《三体 2：黑暗森林》

5. 每个人都在不顾一切地过自己想过的生活，这也没有什么不好。

——刘慈欣《流浪地球》

读后感想

《带上她的眼睛》读后感

“生命无期度，朝夕有不虞。”有时，生命像草原上的小花一样平凡，但更多时候，生命像岩浆中的飞船那般脆弱。见惯了世间的繁华，或许你我都已淡然，花草树木、高山河流、朝阳夕落……一切简单又美好的事物，也变得平平无奇了。

刘慈欣笔下的小姑娘，在地航飞船误入地核后，她的世界从此只剩下了黑暗与寂静，那些曾经触手可及的美好，日出、小溪、花草……都变成了遥不可及的奢望。我们不禁为小姑娘感到悲痛，也感叹生命如此美好。原来世界并不枯燥无趣，小草顽强生长，小溪流水潺潺，这些我们匆匆一瞥的景象，其实是弥足珍贵的。

“……今后，我会按照研究计划努力工作的。将来，也许会有地心飞船找到‘落日六号’并同它对接，但愿那时我留下的资料会有用……”小姑娘的这番话让人为之动容，她并没有放弃对未来的希望和对科学探索的坚持。她乐观坚强、无私奉献，无论身处何种恶劣环境，依然能够找到生命价值的精神值得我们深思。

每个人的生命都是独一无二的，无论身处顺境还是逆境，都要保持乐观积极的态度。让你我改变对这个世界的认知，让灰黑统统消散，看到的皆是河清海晏。同时，文章也提醒我们，科学探索的道路充满艰险，但正是有了像领航员小姑娘这样无私奉献、勇敢探索的人，人类的文明才能不断进步和发展。

精彩语句

1.“生命无期度，朝夕有不虞。”

以诗开篇使读者更容易理解，让文章更具感染力。

2. 让你我改变对这个世界的认知，让灰黑统统消散，看到的皆是河清海晏。

精神世界的褪色是由于我们把自己束缚在了自己的思维里，只有改变认知，才能不断成长，才能入眼皆是美好。

妙笔生花

科技的飞速发展，让深陷绝境的小姑娘有了获救的希望。经过两年的研制，第一艘能够潜入地心航行的地航飞船“落日二十号”研制成功。你很荣幸，成为“落日二十号”地航飞船的领航员，进入地心，找到了“落日六号”并同它成功对接。接下来会发生什么呢？请你展开想象，续写一段文字。

知识乐园

一、下列加点字注音全部正确的一项是（　　）。

A. 覆盖（fù）　高频（pín）　点缀（zhuì）

B. 蔚蓝（wēi）　迟钝（dùn）　铁镍（niè）

C. 闲暇（xiá）　蒙胧（lǒng）　瑕疵（xiá）

D. 吟唱（yín）　漫步（màn）　孤零零（līng）

二、下列成语使用不正确的一项是（　　）。

A. 下午，我们与今年的第一场春雨不期而遇，虽然没有电视台预报的降水量大，但让城市一直干燥的空气变得湿润了一些。

B. 虽然又是一句轻柔的祝福，却是我的心语；虽然见面只是微微一点头，却满含浓浓的情意；虽然我们说话不多，却彼此心有灵犀。

C. 中考前夕，老师念念有词地嘱咐我们一定要沉着冷静。

D. 有一个想法安慰着我：不管走到天涯海角，我离她都不会再远了。

三、选择正确的词语填空。

朦胧　蒙眬　曚昽

1. 雨过天晴，________的阳光如金灿灿的沙子，洒满整个大地。

2. 一弯新月划过精致的角楼，向高墙内洒下一片________昏黄的光。

3. 我对这件事情还是很________，不知该怎么办是好。

漫步　慢步

4. 难得的旅行时光，众人都________地在前面走。

5. ________在山林里，我感受到了大自然的祥和与安宁。

四、这篇小说的线索是什么？

____

____

____

____

五、请谈谈文章标题“带上她的眼睛”有哪些含义。

____

____

六、文章中充盈丰沛的人文关怀表现在哪里？请用原文语句回答，并解析其含义。

作家经典作品

自主阅读

流浪地球

刹车时代

我没见过黑夜，我没见过星星，我没见过春天、秋天和冬天。

我出生在刹车时代结束的时候，那时候地球刚刚停止转动。

地球自转刹车用了42年，比联合政府的计划长了3年。妈妈给我讲过我们全家看最后一个日落的情景：太阳落得很慢，仿佛在地平线上停住了，用了三天三夜才落下去。当然，以后没有“天”也没有“夜”了，东半球在相当长的一段时间里（有十几年吧）将处于永远地黄昏中，因为太阳在地平线下并没落深，还在半边天上映出它的光芒。

就在那次漫长的日落中，我出生了。

黄昏并不意味着昏暗，地球发动机把整个北半球照得通明。地球发动机安装在亚洲和美洲大陆上，因为只有这两块大陆完整坚实的板块结构才能承受发动机对地球的巨大推力。地球发动机共有12000台，分布在亚洲和美洲大陆的各个平原上。从我居住的地方，可以看到几百台发动机喷出的等离子体光柱。你可以想象一个巨大的宫殿,有雅典卫城上的神殿那么大,殿中有无数根顶天立地的巨柱,每根柱子都像巨大的日光灯管那样发出蓝白色的强光。而你，是那巨大宫殿地板上的一个细菌，这样，你就可以想象到我所在的世界是什么样子了。其实这样描述还不是太准确，是地球发动机产生的切线推力分量刹住了地球的自转，因此地球发动机的喷射必须有一定的角度，这样天空中的那些巨型光柱是倾斜的，我们是处在一个将要倾倒的巨殿中！南半球的人来到北半球后突然置身于这个环境中，有许多人会精神失常的。

比这景象更可怕的是地球发动机带来的酷热，户外气温高达七八十摄氏度，必须穿上冷却服才能外出。在这样的气温下常常会有暴雨，而地球发动机的光柱穿过乌云时的景象简直是一场噩梦！光柱蓝白色的强光在云中散射，变成由无数种色彩组成的疯狂涌动的光晕，整个天空仿佛被白热的火山岩浆所覆盖。爷爷老糊涂了，有一次被酷热折磨得实在受不了了，看到下大雨喜出望外，就赤膊冲出门去，我们没来得及拦住他。外面的雨点已被地球发动机超高温的等离子体光柱烤热，把他身上烫起了一层皮。

但对于我们这一代在北半球出生的人来说，这一切都很自然，就如同在刹车时代以前的人们看到太阳、星星和月亮那么自然一样。我们把那个时代的人类历史叫作前太阳时代，那真是个令人神往的黄金时代啊！

我在小学入学时，作为一门课程，老师带我们班的 30 个孩子进行了一次环球旅行。这时地球已经完全停转，地球发动机除了维持这颗行星的这种静止状态外，只进行一些姿态调整，所以从我3岁到6岁的这3年的时间当中，光柱的光度大为减弱，这使得我们可以在这次旅行中更好地认识我们的世界。

我们第一次近距离见到地球发动机，是在石家庄附近的太行山出口处。那是一座金属的高山，在我们面前赫然耸立，占据了半个天空，同它相比，西边的太行山山脉如同一串小土丘。有的孩子惊叹它像珠穆朗玛峰一样高。我们的班主任小星老师是一位漂亮姑娘，她笑着告诉我们，这座发动机的高度是11000米，比珠峰还要高2000多米，人们管它叫“上帝的喷灯”。我们站在它那巨大的阴影中，感受着它通过大地传来的震动。

地球发动机分为两大类，大一些的叫“山”，小一些的叫“峰”。我们登上了“华北794号山”。登“山”比登“峰”花的时间长，因为“峰”是靠巨型电梯上下的，上“山”则要坐汽车沿盘“山”公路走。我们的汽车混在不见首尾的车队中，沿着光滑的钢铁公路向上爬行。我们的左边是青色的金属峭壁，右边是万丈深渊。

车队是由载重50吨的巨型自卸卡车组成的，车上满载着从太行山上挖下的岩石。汽车很快升到了5000米以上，下面的大地已看不清细节，只能看到地球发动机反射的一片青光。小星老师让我们戴上氧气面罩。随着我们距喷口越来越近，光度和温度都在剧增，面罩的颜色渐渐变深，冷却服中的微型压缩机也大功率地忙碌起来。在6000米处，我们见到了进料口，一车车的大石块倒进那闪着幽幽红光的大洞中，一点儿声音都没传出来。我问小星老师，地球发动机是如何把岩石做燃料的?

“重元素聚变是一门很深的学问，现在给你们还讲不明白。你们只需要知道，地球发动机是人类建造的力量最大的机器，比如我们所在的‘华北 794 号’，全功率运行时能向大地产生 150 亿吨的推力。”

我们的汽车终于登上了山顶，喷口就在我们头顶上。由于光柱的直径太大,我们现在抬头看到的是一堵发着蓝光的等离子体巨墙，这巨墙向上延伸到无限高处。

这时，我突然想起不久前的一堂哲学课，那个憔悴的老师给我们出了一个谜语：“你在平原上走着走着，突然迎面遇到一堵墙，这墙向上无限高，向下无限深，向左无限远，向右无限远，这墙是什么？”

我打了一个寒战，接着把这个谜语告诉了身边的小星老师。她想了好大一会儿，困惑地摇摇头。我把嘴凑到她耳边，把那个可怕的谜底告诉了她：“死亡。”

她默默地看了我几秒钟，突然把我紧紧地抱在怀里。我从她的肩上极目望去，迷蒙的大地上耸立着一片金属的巨峰，从我们周围一直延伸到地平线。巨峰吐出的光柱如一片倾斜的宇宙森林，刺破我们摇摇欲坠的天空。

我们很快到了海边，看到城市摩天大楼的尖顶伸出海面，退潮时，白花花的海水从大楼无数的窗子中流出，形成一道道瀑布……

刹车时代刚刚结束，其对地球的影响已触目惊心：地球发动机加速造成的潮汐吞没了北半球三分之二的大城市，地球发动机带来的全球高温融化了极地冰川，更使这大洪水“如虎添翼”，波及南半球。爷爷在30年前亲眼看见了百米高的巨浪吞没上海的情景，他现在讲这事的时候眼睛还直勾勾的。事实上，我们的星球还没启程就已面目全非了，谁知道在以后漫长的外太空的流浪中，还有多少苦难在等着我们呢？

我们乘上一种叫“船”的古老的交通工具在海面上航行。地球发动机的光柱在后面越来越远，一天以后就完全看不见了。这时，大海处在两片霞光之间，一片是西面地球发动机的光柱产生的青蓝色霞光，另一片是东方海平面下的太阳产生的粉红色霞光，它们在海面上的反射使大海也分成了闪耀着两色光芒的两部分，我们的船就行驶在这两部分的分界处，这景色真是奇妙！但随着青蓝色霞光的渐渐减弱和粉红色霞光的渐渐增强，一种不安的气氛在船上弥漫开来。甲板上见不到孩子们了，我们都躲在船舱里不出来，舷窗的帘子也被紧紧拉上。一天后，我们最害怕的那一时刻终于到来了，我们集合在那间被当作教室的大舱中，小星老师庄严地宣布：

“孩子们，我们要去看日出了。”

没有人动，我们目光呆滞，像突然被冻住一样僵在那儿。小星老师又催了几次，还是没人动地方。她的一位男同事说：“我早就提过，环球体验课应该放在近代史课前面，这样学生在心理上就比较容易适应了。”

“没那么简单，在上近代史课前，他们早就从社会知道一切了。”小星老师说。她接着对几位班干部说，“你们先走，孩子们，不要怕！我小时候第一次看日出也是很紧张的，但看过一次就好了。”

孩子们终于一个个站了起来，朝着舱门挪动脚步。这时，我感到一只湿湿的小手抓住了我的手，回头一看，是灵儿。

“我怕……”她嘤嘤地说。

“我们在电视上也看到过太阳，反正都一样的。”我安慰她说。

“怎么会一样呢，你在电视上看蛇和看真蛇一样吗？”

“……反正我们得上去，要不然这门课会被扣分的！”

我和灵儿紧紧拉着手，和其他孩子一起战战兢兢地朝甲板走去，去面对我们人生中的第一次日出。

“其实，人类把太阳同恐惧连在一起也只是近三四个世纪的事。这之前，人类是不怕太阳的；相反，太阳在他们眼中是庄严和壮美的。那时地球还在转动，人们每天都能看到日出和日落。他们对着初升的太阳欢呼，赞颂落日的美丽。”小星老师站在船头对我们说，海风吹动着她的长发。在她身后，海天连接处射出几道光芒，好像海面下的一头大得无法想象的怪兽喷出的鼻息。

终于，我们看到了那令人胆寒的火焰，开始时只是天水连线上的一个亮点，很快增大，渐渐显示出了圆弧的形状。这时，我感到自己的喉咙被什么东西卡住了，恐惧使我窒息，脚下的甲板仿佛突然消失，我在向海的深渊坠下去、坠下去……和我一起下坠的还有灵儿，她那蛛丝般柔弱的小身躯紧贴着我颤抖着；还有其他孩子，其他的所有人，整个世界都在下坠。这时，我又想起了那个谜语，我曾问过哲学老师，那堵墙是什么颜色的，他说应该是黑色的。我觉得不对，我想象中的死亡之墙应该是雪亮的，这就是为什么那道等离子体墙让我想起了它。这个时代，死亡不再是黑色的，而是闪电的颜色。当那最后的闪电到来时，世界将在瞬间变成蒸气。

3个多世纪前，天体物理学家们就发现太阳内部氢转化为氦的速度突然加快，于是他们发射了上万个探测器穿过太阳，最终建立了这颗恒星完整、精确的数学模型。巨型计算机对这个模型计算的结果表明，太阳的演化已向主星序外偏移，氦元素的聚变将在很短的时间内传遍整个太阳内部,由此产生一次叫氦闪的剧烈爆炸,之后，太阳将变为一颗巨大但黯淡的红巨星，它膨胀到如此之大，地球将在太阳内部运行！事实上，在这之前的氦闪爆发中，我们的星球已被汽化了。

这一切将在400年内发生，现在已过了380年。

太阳的灾变将炸毁和吞没太阳系所有适合居住的类地行星，并使所有类木行星完全改变形态和轨道。自第一次氦闪后，随着重元素在太阳中心的反复聚集，太阳氦闪将在一段时间内反复发生。这“一段时间”是相对于恒星演化来说的，其长度可能相当于上千个人类历史。所以，人类在以后的太阳系中已无法生存下去，唯一的生路是向外太空恒星际移民，而照人类目前的技术力量，全人类移民唯一可行的目标是半人马座比邻星，这是距我们最近的恒星，有约4.3光年的路程。以上看法人们已达成共识，争论的焦点在移民方式上。

为了加强教学效果，我们的船在太平洋上折返了2次，又给我们制造了2次日出。现在我们已完全适应了，也相信了南半球那些每天面对太阳的孩子确实能活下去。

之后我们就在太阳下航行了。太阳在空中越升越高，这几天凉爽下来的天气又热了起来。我正在自己的舱里昏昏欲睡，听到外面有骚乱的声音。灵儿推开门探进头来。

“嗨，飞船派和地球派又打起来了！”

我对这事儿不感兴趣，他们已经打了4个世纪了。但我还是到外面看了看，在那打成一团的几个男孩儿中，我一眼就看出挑起事儿的是阿东。他爸爸是个顽固的飞船派，因参加一次反联合政府的暴动，现在还被关在监狱里，有其父必有其子。

小星老师和几名粗壮的船员好不容易才拉开架，阿东鼻子血糊糊的，他振臂高呼道：“把地球派扔到海里去！”

“我也是地球派，也要扔到海里去？”小星老师问。

“地球派都扔到海里去！”阿东毫不示弱。现在，全世界飞船派的情绪又呈上升趋势，所以他们又狂起来了。

“为什么这么恨我们？”小星老师问。

其他几个飞船派小子接着喊了起来：

“我们不和地球派傻瓜在地球上等死！”

“我们要坐飞船走！飞船万岁！”

……

小星老师按了一下手腕上的全息显示器，我们面前的空中立刻显示出一幅全息图像，孩子们的注意力立刻被它吸引过去，大家暂时安静下来。那是一个晶莹透明的密封玻璃球，直径大约有10厘米，球里有三分之二充满了水，水中有一只小虾、一小枝珊瑚和一些绿色的藻类植物，小虾在水中悠然地游动着。

小星老师说：“这是阿东的一件自然课的设计作业，小球中除这几样东西外，还有一些看不见的细菌，它们在密封的玻璃球中相互依赖、相互作用。小虾以海藻为食，从水中摄取氧气，然后排出含有机物质的粪便和二氧化碳废气。细菌将这些东西分解成无机物质和二氧化碳，然后海藻利用这些无机物质和二氧化碳，在人造阳光的照射下进行光合作用，制造营养物质，进行生长和繁殖，同时放出氧气供小虾呼吸。这样的生态循环应该能使玻璃球中的生物在只有阳光供应的情况下生生不息。这是我见过的最好的课程设计，我知道，这里面凝聚了阿东和所有飞船派孩子的梦想，这就是你们梦中飞船的缩影啊！阿东告诉我，他按照计算机中严格的数学模型，对球中每一样生物进行了基因设计，使它们的新陈代谢正好达到平衡。他坚信，球中的生命会长期活下去，直到小虾寿命的终点。老师们都很钟爱这件作业，我们把它放到所要求强度的人造阳光下，也坚信阿东的预测，默默地祝福他创造的这个小小的世界。但现在，时间只过去了十几天……”

小星老师从随身带来的一个小箱子中小心翼翼地拿出了那个玻璃球，死去的小虾漂浮在水面上，水已浑浊不堪，腐烂的藻类植物已失去了绿色，变成一团没有生命的毛状物覆盖在珊瑚上。

“这个小世界死了。孩子们，谁能说出为什么？”小星老师把那个死亡的世界举到孩子们面前。

“它太小了！”

“说得对，太小了！小的生态系统，不管多么精确，都经不起时间这个风浪。飞船派们想象中的飞船也一样。”

“我们的飞船可以造得像上海或纽约那么大。”阿东说，声音比刚才低了许多。

“是的，按人类目前的技术也只能造这么大，同地球相比，这样的生态系统还是太小了，太小了。”

“我们会找到新的行星。”

“这连你们自己也不相信。半人马座没有行星，最近的有行星的恒星在850光年以外。目前人类能建造的最快的飞船也只能达到光速的0.5%，这样就需17万年的时间才能到达那里，飞船规模的生态系统连这十分之一的时间都维持不了。孩子们，只有像地球这样规模的生态系统、这样气势磅礴的生态循环，才能使生命万代不息！人类在宇宙间离开了地球，就像婴儿在沙漠里离开了母亲！”

“可……老师，我们来不及的，地球来不及的，它还来不及加速到足够快、航行到足够远，太阳就爆炸了！”

“时间是够的，要相信联合政府！这我说了多少遍了，如果你们还不相信，我们就退一万步说：人类将自豪地去死，因为我们尽了最大的努力！”

人类的逃亡分为五步：第一步，用地球发动机使地球停止转动，使发动机喷口固定在地球运行的反方向；第二步，全功率开动地球发动机，使地球加速到逃逸速度，飞出太阳系；第三步，在外太空继续加速，飞向比邻星；第四步，在中途使地球重新自转，掉转发动机方向，开始减速；第五步，地球泊入比邻星轨道，成为这颗恒星的行星。

人们把这五步分别称为刹车时代、逃逸时代、流浪时代Ⅰ（加速）、流浪时代Ⅱ（减速）和新太阳时代。

整个移民过程将延续2500年、一百代人。

我们的船继续航行，到了地球黑夜的部分，在这里，阳光和地球发动机的光柱都照不到，在大西洋清凉的海风中，我们这些孩子第一次看到了星空。天啊，那是怎样的景象啊，美得让我们心醉！小星老师一手搂着我们，一手指着星空：“看，孩子们，那就是半人马座，那就是比邻星，那就是我们的新家！”说完她哭了起来，我们也都跟着哭了，周围的水手和船长——这些铁打的汉子也流下了眼泪。所有的人都用泪眼探望着老师指的方向，星空在泪水中扭曲抖动，唯有那颗星星是不动的，那是黑夜大海狂浪中远方陆地的灯塔，那是冰雪荒原中快要冻死的孤独旅人前方隐现的火光，那是我们心中的星星，是人类在未来一百代人的苦海中唯一的希望和支撑……

在回家的航程中，我们看到了启航的第一个信号：夜空中出现了一颗巨大的彗星，那是月球。人类带不走月球，就在月球上也安装了行星发动机，把它推离地球轨道，以免在地球加速时与之相撞。月球上行星发动机产生的巨大彗尾使大海笼罩在一片蓝光之中，群星看不见了。月球移动产生的引力潮汐使大海巨浪冲天，我们改乘飞机向北半球的家飞去。

启航的日子终于到了！

我们一下飞机，就被地球发动机的光柱照得睁不开眼，这些光柱比以前亮了几倍，而且所有光柱都由倾斜变成笔直。地球发动机开到了最大功率，加速产生的百米巨浪轰鸣着滚上每块大陆，灼热的飓风夹着滚烫的水沫，在林立的顶天立地的等离子光柱间疯狂呼啸，拔起了陆地上所有的大树……这时从宇宙空间看，我们的星球也成了一颗巨大的彗星，蓝色的彗尾刺破了黑暗的太空。

地球上路了，人类上路了。

就在启航时，爷爷去世了，他身上的烫伤已经感染。

弥留之际他反复念叨着一句话：

“啊，地球，我的流浪地球啊……”

逃逸时代

学校要搬入地下城了，我们是第一批入城的居民。校车钻进了一个高大的隧洞，隧洞呈不大的坡度向地下延伸。走了有半个钟头，我们被告知已入城了。可车窗外哪有城市的样子？只看到不断掠过的错综复杂的支洞和洞壁上无数的密封门。在高高的洞顶的一排泛光灯下，一切都呈单调的金属蓝色。想到后半生的大部分时光都要在这个世界中度过，我们不禁黯然神伤。

“原始人就住洞里，我们又住洞里了。”灵儿低声说，但这话还是让小星老师听见了。

“没有办法的，孩子们，地面的环境很快就要变得很可怕、很可怕。那时，冷的时候，吐一口唾沫，还没掉到地上呢，就冻成小冰块儿了；热的时候，再吐一口唾沫，还没掉到地上，就变成蒸气了！”

“冷，我知道，因为地球离太阳越来越远了，可为什么还会热呢？”同车的一个低年级的小娃娃问。

“笨，没学过变轨加速吗？”我没好气地说。

“没。”

灵儿耐心地解释起来，好像是为了缓解刚才的悲伤。

“是这样：跟你想的不同，地球发动机没那么大劲儿，它只能给地球很小的加速度，不能把地球一下子推出太阳轨道。在地球离开太阳前，还要绕着它转15个圈呢！在这15个圈中，地球慢慢加速。现在，地球绕太阳转着一个挺圆的圈，可它的速度越快呢，这圈就越扁，越快越扁，越快越扁，太阳就逐渐移到这个扁圈的一边，所以后来地球有时离太阳会很远很远，当然冷了……”

“可……还是不对！地球到最远的地儿是很冷，可在扁圈的另一头儿，它离太阳……嗯，我想想，按轨道动力学，它离太阳还是现在这么近啊，怎么会更热呢？”

真是个小天才，记忆遗传技术使这样的小娃娃具备了成人的智力水平，这是人类的幸运，否则，像地球发动机这样连神都不敢想的奇迹，是不会在4个世纪内变成现实的。

我说：“可还有地球发动机呢，小傻瓜！现在，10000多台那样的‘大喷灯’全功率开动，地球就成了火箭喷口的护圈了……你们安静点儿吧，我心里烦！”

我们就这样开始了地下的生活，像这样在地下500米处、人口超过百万的城市遍布各个大陆。在这样的地下城中，我读完小学后升入中学。学校教育都集中在理工科上，艺术和哲学之类的教育课已压缩到最少，人类没有这份闲心了。这是人类最忙的时代，每个人都有做不完的工作。很有意思的是，地球上所有的宗教在一夜之间消失得无影无踪，现在人们终于明白了，就算真有上帝，他也是个恶棍。历史课还是有的，只是课本中前太阳时代的人类历史在我们看来就像伊甸园中的神话一样。

我父亲是一名空军近地轨道宇航员，在家的时间很少。记得在变轨加速的第5年，在地球处于远日点时，我们全家往海边去过一次。地球运行到远日点顶端那一天，是一个如同新年或圣诞节一样的节日，因为这时地球距太阳最远，人们都有一种虚幻的安全感。像以前到地面上去一样，我们需穿上带有核电池的全密封加热服。外面，地球发动机林立的刺目光柱是主要能看见的东西，地面世界的其他部分都淹没于光柱的强光中，看不出变化。我们乘飞行汽车飞了很长时间，到了光柱照不到的地方，到了能看见太阳的海边。这时的太阳已成了一个棒球大小，一动不动地悬在天边，它的光芒只在自己的周围映出了一圈晨曦似的亮影，天空呈暗暗的深蓝色，星星仍清晰可见。

举目望去，哪有海啊，眼前是一片白茫茫的冰原。在这封冻的大海上，有大群狂欢的人。焰火在暗蓝色的空中开放，冰冻海面上的人们以一种不正常的感情在狂欢着，到处都是喝醉了在冰上打滚的人，更多的人在声嘶力竭地唱着不同的歌，都想用自己的声音压住别人。

“每个人都在不顾一切地过自己想过的生活，这也没有什么不好。”爸爸突然想起了一件事，“呵，忘了告诉你们，我爱上了黎星，我要离开你们和她在一起。”

“她是谁？”妈妈平静地问。

“我的小学老师。”我替爸爸回答。我升入中学已两年，不知道爸爸和小星老师是怎么认识的，也许是在两年前的那场毕业仪式上？

“那你去吧。”妈妈说。

“过一阵我肯定会厌倦，那时我就回来，你看呢？”

“你要愿意当然行。”妈妈的声音像冰冻的海面一样平静，但很快激动起来，“啊，这一颗真漂亮，里面一定有全息散射体！”她指着刚在空中开放的一朵焰火，真诚地赞美着。

在这个时代，人们在看4个世纪以前的电影和小说时都莫名其妙，他们不明白，前太阳时代的人怎么会在不关生死的事情上倾注那么多的感情。当看到男女主人公为爱情而痛苦或哭泣时，他们的惊奇是难以言表的。在这个时代，死亡的威胁和逃生的欲望压倒了一切，除了当前太阳的状态和地球的位置，没有什么能真正引起他们的注意并打动他们了。这种注意力高度集中的关注，渐渐从本质上改变了人类的心理状态和精神生活，对于爱情这类东西，他们只是用余光瞥一下而已，就像赌徒在盯着轮盘的间隙抓住几秒钟喝口水一样。

过了两个月，爸爸真从小星老师那儿回来了，妈妈没有高兴，也没有不高兴。

爸爸对我说："黎星对你印象很好，她说你是一个有创造力的学生。"

妈妈一脸茫然："她是谁？"

"小星老师嘛，我的小学老师，爸爸这两个月就是同她在一起的！"

"哦，想起来了！"妈妈摇头笑了，"我还不到40，记忆力就成了这个样子。"她抬头看看天花板上的全息星空，又看看四壁的全息森林，"你回来挺好，把这些图像换换吧，我和孩子都看腻了，但我们都不会调整这玩意儿。"

当地球再次向太阳跌去的时候，我们全家都把这事忘了。

有一天，新闻报道海在融化，于是我们全家又到海边去了。这是地球通过火星轨道的时候，按照这时太阳的光照量，地球的气温应该仍然是很低的，但由于地球发动机的影响，地面的气温正适宜。能不穿加热服或冷却服去地面，那感觉真令人愉快。地球发动机所在的这个半球天空还是那个样子，但到达另一个半球时，真正感觉到了太阳的临近：天空是明朗的纯蓝色，太阳在空中已同启航前一样明亮了。可我们从空中看到海并没有融化，还是一片白色的冰原。当我们失望地走出飞行汽车时，听到惊天动地的隆隆声，那声音仿佛来自这颗星球的最深处，真像地球要爆炸一样。

“这是大海的声音！”爸爸说，“因为气温骤升，厚厚的海冰层受热不均匀，这很像陆地上的地震。”

突然，一声雷霆般尖厉的巨响插进这低沉的隆隆声中，在我们后面看海的人们欢呼起来。我看到冰面上裂开一道长缝，其开裂速度之快，如同广阔的冰原上突然出现的一道黑色闪电。接着在不断的巨响中，这样的裂缝一条接一条地在海冰上出现，海水从所有的裂缝中喷出，在冰原上形成一条条迅速扩散的急流……

回家的路上，我们看到荒芜已久的大地上，野草在大片大片地钻出地面，各种花朵在怒放，嫩叶给枯死的森林披上绿装……所有的生命都在抓紧时间释放着活力。

随着地球和太阳的距离越来越近，人们的心也一天天揪紧了。到地面上来欣赏春色的人越来越少，大部分人都躲进了地下城中。这不是为了躲避即将到来的酷热、暴雨和飓风，而是为了躲避那随着越来越近太阳的恐惧。有一天，我在睡下后，听到妈妈低声对爸爸说："可能真的来不及了。"

爸爸说："前4个近日点时也有这种谣言。"

"可这次是真的，我是从钱德勒博士夫人口中听说的，她丈夫是航行委员会的天文学家，你们都知道他的。他亲口告诉她已观测到氦的聚集在加速。"

"你听着，亲爱的，我们必须抱有希望，这并不是因为希望真的存在，而是因为我们要做高贵的人。在前太阳时代，做一个高贵的人必须拥有金钱、权力或才能，而在今天只要拥有希望，希望是这个时代的黄金和宝石，不管活多长时间，我们都要拥有它！明天把这话告诉孩子。"

和所有的人一样，我也随着近日点的到来而心神不定。有一天放学后，我不知不觉走到了城市中心广场，在广场中央有喷泉的圆形水池边呆立着，时而低头看着蓝莹莹的池水，时而抬头望着广场圆形穹顶上梦幻般的光波纹，那是池水反射上去的。这时我看到了灵儿，她拿着一个小瓶子和一根小管子，在吹肥皂泡。每吹出一串，她都呆呆地盯着空中飘浮的泡泡，看着它们一个个消失，然后再吹出一串……

"都这么大了还干这个，这好玩吗？"我走过去问她。

灵儿见了我以后喜出望外："我们俩去旅行吧！"

"旅行？去哪儿？"

"当然是地面啦！"她挥手在空中划了一下，手腕上的计算机甩出一幅全息景象：落日下的一个海滩，微风吹拂着棕榈树，道道白浪，金黄的沙滩上有一对对的情侣，他们在铺满碎金的海面前呈一对对黑色的剪影，“这是梦娜和大刚发回来的，他们俩现在还满世界转呢，他们说外面现在还不太热，外面可好呢，我们也去吧！”

“他们因为旷课刚被学校开除了。”

“哼，你根本不是怕这个，你是怕太阳！”

“你不怕吗？别忘了，你因为怕太阳还看过精神科医生呢。”

“可我现在不一样了，我受到了启示！你看，”灵儿用小管子吹出了一串肥皂泡，“盯着它看！”她用手指着一个肥皂泡说。

我盯着那个泡泡，看到它表面上光和色的狂澜，那狂澜以人的感觉无法把握的复杂和精细在涌动，好像那个泡泡知道自己生命的短暂，所以要疯狂地把自己浩如烟海的记忆中无数的梦幻和传奇向世界演绎。很快，光和色的狂澜在一次无声的爆炸中消失了，我看到了一小片似有似无的水汽，这水汽也只存在了半秒钟，然后什么都没有了，好像什么都没有存在过。

“看到了吗？地球就好像宇宙中的一个小水泡，啪的一下，就什么都没了，有什么好怕的呢？”

“不是这样的，据计算，在氦闪发生时，地球被完全蒸发掉至少需要100个小时。”

“这就是最可怕之处了！”灵儿大叫起来，“我们在这地下500米，就像馅饼里的肉馅一样，先给慢慢烤熟了，再蒸发掉！”

一阵冷战传遍我的全身。

“但在地面就不一样了，那里的一切瞬间被蒸发，地面上的人就像那泡泡一样，啪的一下……所以，氦闪时还是在地面上为好。”

不知为什么，我没同她去，她就同阿东去了，我以后再也没见到他们。

氦闪并没有发生，地球高速掠过了近日点，第6次向远日点升去，人们绷紧的神经松弛下来。由于地球自转已停止，在太阳轨道的这一面，亚洲大陆上的地球发动机正对着它的运行方向，所以在通过近日点前都停了下来，只是偶尔做一些调整姿态的运行，我们这儿处于宁静而漫长的黑夜之中。美洲大陆上的发动机则全功率运行，那里成了火箭喷口的护圈。由于太阳这时也处于西半球，那儿的高温更是可怕，草木生烟。

地球的变轨加速就这样年复一年地进行着。每当地球向远日点升去时，人们的心也随着地球与太阳距离的日益拉长而放松；而当它在新的一年向太阳跌去时，人们的心也一天天紧缩起来。每次到达近日点，社会上就谣言四起，说太阳氦闪就要在这时发生了；直到地球再次升向远日点，人们的恐惧才随着天空中渐渐变小的太阳平息下来，但又在准备着下一次的恐惧……人类的精神像在荡着一个宇宙秋千，更恰当地说，在经历着一场宇宙俄罗斯轮盘赌：升上远日点和跌向太阳的过程是在转动弹仓，掠过近日点时则是扣动扳机！每扣一次时的神经比上一次更紧张，我就是在这种交替的恐惧中度过了自己的少年时代。其实仔细想想，即使在远日点，地球也未脱离太阳氦闪的威力圈，如果那时太阳氦闪爆发，地球不是被汽化，而是被慢慢液化，那种结果还真不如在近日点。

在逃逸时代，大灾难接踵而至。

由于地球发动机产生的加速度及运行轨道的改变，地核中铁镍核心的平衡被扰动，其影响穿过古登堡不连续面，波及地幔，各个大陆地热逸出，火山横行，这对人类的地下城市是致命的威胁。从第六次变轨周期后，在各大陆的地下城中，岩浆渗入，灾难频繁发生。

那天当警报响起来的时候，我正走在放学回家的路上，听到市政厅的广播："F112市全体市民请注意，城市北部屏障已被地应力破坏，岩浆渗入！岩浆渗入！现在岩浆流已到达第四街区！公路出口被封死，全体市民到中心广场集合，通过升降梯向地面撤离。注意，撤离时按《危机法》第五条行事，强调一遍，撤离时按《危机法》第五条行事！"

我环视了一下四周迷宫般的通道，地下城现在看上去并没有什么异常。但我知道现在的危险：只有两条通向外部的地下公路，其中一条去年因加固屏障的需要已被堵死，如果剩下的这条也堵死了，就只有通过经竖井直通地面的升降梯逃命了。升降梯的载运量很小，要把这座城市的36万人运出去需要很长时间。但也没有必要去争夺生存的机会，联合政府的《危机法》把一切都安排好了。

古代曾有过一个伦理学问题：当洪水到来时，一个只能救走一个人的男人，是去救他的父亲呢，还是去救他的儿子？在这个时代的人看来，提出这个问题很不可理解。

当我到达中心广场时，看到人们已按年龄排起了长长的队。最靠近电梯口的是由机器人保育员抱着的婴儿，然后是幼儿园的孩子，再往后是小学生……我排在队伍中间靠前的部分。爸爸现在在近地轨道值班，城里只有我和妈妈，我现在看不到妈妈，就顺着几千米长的队伍往后跑，没跑多远就被士兵拦住了。我知道她在最后一段，因为这个城市主要是学校集中地，家庭很少，她已经算年纪大的那批人了。

长队以让人心里着火的慢速度向前移动，3个小时后轮到我跨进升降梯时，我心里一点儿都不轻松，因为这时在妈妈和生存之间，还隔着2万多名大学生呢！而我已闻到了浓烈的硫黄味……

我到地面两个半小时后，岩浆就在500米深的地下吞没了整座城市。我心如刀绞地想象着妈妈最后的时刻：她同没能撤出的18000人一起，看着岩浆涌进市中心广场。那时已经停电，整个地下城只有岩浆那可怖的暗红色光芒。广场那高大的白色穹顶在高温中渐渐变黑，所有的遇难者可能还没接触到岩浆，就已经被这上千度的高温夺去了生命。

但生活还在继续，在这严酷恐惧的现实中，爱情仍不时闪现出迷人的火花。为了缓解人们的紧张情绪，在第12次到达远日点时，联合政府居然恢复了中断达2个世纪之久的奥运会。我作为一名机动雪橇拉力赛的选手参加了奥运会，比赛项目是驾驶机动雪橇，从上海出发，沿冰面上横穿封冻的太平洋，到达终点纽约。

发令枪响过之后，上百只雪橇在冰冻的海洋上以每小时200千米左右的速度出发了。开始还有几只雪橇相伴，但两天后，他们或前或后，都消失在地平线之外。这时，背后那地球发动机的光芒已经看不到了，我正处于地球最黑的部分。在我眼中，世界就是由广阔的星空和向四面无限延伸的冰原组成的，这冰原似乎一直延伸到宇宙的尽头，或者它本身就是宇宙的尽头。而在由无限的星空和无限的冰原组成的宇宙中,只有我一个人！雪崩般的孤独感压倒了我，我想哭。我拼命地赶路，名次已无关紧要，只是为了在这可怕的孤独感杀死我之前尽早地摆脱它，而那想象中的彼岸似乎根本就不存在。

就在这时，我看到天边出现了一个人影。近了些后，我发现那是一个姑娘,正站在她的雪橇旁,她的长发在冰原上的寒风中飘动着。你知道这时遇见一个姑娘意味着什么吗？我们的后半生由此决定了。她是日本人，叫山彬加代子。女子组比我们先出发 12 个小时，她的雪橇卡在冰缝中，把一根滑杆卡断了。我一边帮她修雪橇，一边把自己刚才的感觉告诉她。

“您说得太对了，我也是那样的感觉！是的，好像整个宇宙中就只有你一个人！知道吗？我看到您从远方出现时，就像看到太阳升起一样耶！”

“那你为什么不叫救援飞机？”

“这是一场体现人类精神的比赛，要知道，流浪地球在宇宙中是叫不到救援的！”她挥动着小拳头，以日本人特有的执着说。

“不过现在总得叫了，我们都没有备用滑杆，你的雪橇修不好了。”

“那我坐您的雪橇一起走好吗？如果您不在意名次的话。”

我当然不在意，于是我和加代子一起在冰冻的太平洋上走完了剩下的漫长路程。经过夏威夷后，我们看到了天边的曙光。在这个被小小的太阳照亮的无际的冰原上，我们向联合政府的民政部发去了结婚申请。

当我们到达纽约时，这个项目的裁判们早就等得不耐烦，收摊走了。但有一个民政局的官员在等着我们，他向我们致以新婚的祝贺，然后开始履行他的职责：他挥手在空中划出一个全息图像，上面整齐地排列着几万个圆点，这是这几天全世界向联合政府申请登记结婚的数目。由于环境的严酷，法律规定每三对新婚配偶中只有一对有生育权，抽签决定。加代子对着半空中那几万个点犹豫了半天，点了中间的一个。当那个点变为绿色时，她高兴得跳了起来。但我的心中却不知是什么滋味，我的孩子出生在这个苦难的时代，是幸运还是不幸呢？那个官员倒是兴高采烈，他说每当一对儿“点绿”的时候，他都十分高兴。他拿出了一瓶伏特加，我们三个轮着一人一口地喝着，都为人类的延续干杯。我们身后，遥远的太阳用它微弱的光芒给自由女神像镀上了一层金辉，对面是已无人居住的曼哈顿的摩天大楼群，微弱的阳光把它们的影子长长地投在纽约港寂静的冰面上，醉意蒙眬的我，眼泪涌了出来。

地球，我的流浪地球啊！

分手前，官员递给我们一串钥匙，醉醺醺地说：“这是你们在亚洲分到的房子，回家吧！哦，家多好啊！”

“有什么好的？”我漠然地说，“亚洲的地下城充满危险，你们在西半球当然体会不到。”

“我们马上也有你们体会不到的危险了，地球又要穿过小行星带，这次是西半球对着运行方向。”

“上几个变轨周期也经过小行星带，不是没什么大事吗？”

“那只是擦着小行星带的边缘走，太空舰队当然能应付，他们可以用激光和核弹把地球航线上的那些小石块都清除掉。但这次……你们没看新闻？这次地球要从小行星带正中穿过去！舰队得去对付那些大石块，唉……”

在回亚洲的飞机上，加代子问我：“那些石块很大吗？”

我父亲现在就在太空舰队干那项工作，所以尽管政府为了避免造成惊慌照例封锁消息，但我还是知道一些情况。我告诉加代子，那些石块大得像一座大山，5000万吨级的热核炸弹只能在上面打出一个小坑。“他们就要使用人类手中威力最大的武器了！”我神秘地告诉加代子。

“你是说反物质炸弹？”

“还能是什么？”

“太空舰队的巡航范围是多远？”

“现在他们力量有限，我爸说只有150万千米左右。”

“啊，那我们能看到了！”

“最好别看。”

加代子还是看了，而且是没戴护目镜看的。反物质炸弹的第一次闪光是在我们起飞不久后从太空传来的，那时加代子正在欣赏飞机舷窗外空中的星星，这使她的双眼失明了一个多小时，眼睛在以后的一个多月里都红肿流泪。那真是让人心惊肉跳的时刻。反物质炸弹不断地击中小行星，强光在漆黑的太空中此起彼伏地闪现，仿佛宇宙中有一群巨人围着地球用闪光灯疯狂拍照似的。

半个小时后,我们看到了火流星,它们拖着长长的火尾划破长空，给人一种恐怖的美感。火流星越来越多，每一颗在空中划过的距离越来越长。突然，机身在一声巨响中震颤了一下，紧接着又是连续的巨响和震颤。加代子惊叫着扑到我怀中，她显然以为飞机被流星击中了，这时舱里响起了机长的声音：

“请各位乘客不要惊慌,这是流星冲破音障产生的超声速声爆，请大家戴上耳机，否则您的听力会受到永久性损害。由于飞行安全已无法保证，我们将在夏威夷紧急降落。”

这时我盯住了一颗火流星，那个火球的体积比别的大出许多，我不相信它能在大气中烧完。果然，那火球疾驰过大半个天空，越来越小，但还是坠入了冰海。从万米高空看到，海面被击中的位置出现了一个小白点，那白点立刻扩散成一个白色的圆圈，圆圈迅速在海面扩大。

“那是浪吗？”加代子颤抖着声音问我。

“是浪，上百米的浪。不过海封冻了，冰面会很快使它衰减的。”我自我安慰地说，不再看下面。

我们很快在檀香山降落，由当地政府安排去地下城。我们的汽车沿着海岸走，天空中布满了火流星，那些红发恶魔好像是从太空中的某一个点同时迸发出来的。一颗流星在距海岸不远处击中了海面，没有看到水柱，但水蒸气形成的白色蘑菇云高高地升起。涌浪从冰层下传到岸边，厚厚的冰层轰隆隆地破碎了，冰面显出了浪的形状，好像有一群柔软的巨兽在下面排着队游过。

“这颗有多大？”我问那位来接应我们的官员。

“不超过5千克，不会比你的脑袋大吧。不过刚接到通知，在北方800千米的海面上，刚落下一颗20吨左右的。”

这时他手腕上的通信机响了，他看了一眼后对司机说：“来不及到204号门了，就近找个入口吧！”

汽车拐了个弯，在一个地下城入口前停了下来。我们下车后，看到入口外有几个士兵，他们都一动不动地盯着远方的一个方向，眼里充满了恐惧。我们都顺着他们的目光看去，在天海连线处，我们看到一层黑色的屏障，初一看好像是天边低低的云层，但那“云层”的高度太齐了，像一堵横在天边的长墙，再仔细看，墙头还镶着一线白边。

“那是什么呀？”加代子怯生生地问一个军官，得到的回答让我们毛发直竖。

“浪。”

地下城高大的铁门隆隆地关上了，大约过了10分钟，我们听到从地面传来低沉的声音，咕噜噜的，像一个巨人在地面打滚儿。我们面面相觑，大家都知道，百米高的巨浪正在滚过夏威夷，也将滚过各个大陆。但另一种震动更吓人，仿佛有一只巨拳从太空中不断地击打地球，在地下这震动并不大，只能隐约感到，但每一次震动都直达我们的灵魂深处。这是流星在不断地击中地面。

我们的星球所遭到的残酷轰炸断断续续持续了一个星期。

当我们走出地下城时，加代子惊叫："天啊，天怎么是这样的！"

天空是灰色的，这是因为高层大气弥漫着小行星撞击陆地时产生的灰尘，星星和太阳都消失在这无际的灰色中，仿佛整个宇宙在下着一场大雾。地面上，滔天巨浪留下的海水还没来得及退去就被封冻了，城市幸存的高楼形单影只地立在冰面上，挂着长长的冰凌柱。冰面上落了一层撞击尘，于是这个世界只剩下一种颜色：灰色。

我和加代子继续回亚洲的旅程。在飞机越过早已无意义的国际日期变更线时，我们见到了人类所见过的最黑的黑夜，飞机仿佛潜行在墨汁的海洋中。看着机舱外那没有一丝光线的世界，我们的心情也暗到了极点。

"什么时候到头儿呢？"加代子喃喃地说。我不知道她指的是这次旅程还是这充满苦难和灾难的生活，我现在觉得两者都没有尽头。是啊，即使地球航出了氦闪的威力圈，我们得以逃生，又怎么样呢？我们只是那漫长阶梯的最下一级，当我们的一百代子孙爬上阶梯的顶端，见到新生活的光明时，我们的骨头都变成灰了。我不敢想象未来的苦难和艰辛，更不敢想象要带着爱人和孩子走过这条看不到头的泥泞路，我累了，实在走不动了……就在我被悲伤和绝望逼得快要窒息的时候，机舱里响起了一声女人的惊叫：

“啊！不！不能！亲爱的！”

我循声看去，见那个女人正从旁边的一个男人手中夺下一支手枪，他刚才显然想把枪口凑到自己的太阳穴上。这人很瘦弱，目光呆滞地看着前方无限远处。女人把头埋在他膝上，嘤嘤地哭了起来。

“安静。”男人冷冷地说。

哭声消失了，只有飞机发动机的嗡嗡声在轻响，像不变的哀乐。在我的感觉中，飞机已粘在这巨大的黑暗中，一动不动；而整个宇宙，除了黑暗和飞机，什么都没有了。加代子紧紧钻进我怀里，浑身冰凉。

突然，机舱前部一阵骚动，有人在兴奋地低语。我向窗外看去，发现飞机前方出现了一片朦胧的光亮，那光亮是蓝色的，没有形状，十分均匀地出现在前方弥漫着撞击尘的夜空中。

那是地球发动机的光芒。

西半球的地球发动机已被陨石击毁了三分之一，但损失比启航前预估的要少；东半球的地球发动机由于背向撞击面，完好无损。从功率上来说，它们是能使地球完成逃逸航行的。

在我眼中，前方朦胧的蓝光，如同从深海漫长的上浮后看到的海面的亮光，我的呼吸又顺畅起来。

我又听到那个女人的声音：“亲爱的，痛苦呀……恐惧呀……

这些东西，也只有在活着的时候才能感觉到，死了……死了什么也没有了，那边只有黑暗。还是活着好，你说呢？”

那瘦弱的男人没有回答，他盯着前方的蓝光看，眼泪流了下来。我知道他能活下去了，只要那希望的蓝光还亮着，我们就都能活下去，我又想起了父亲关于希望的那些话。

下了飞机，我和加代子没有去我们在地下城中的新家，而是到设在地面的太空舰队基地去找父亲，但在基地，我只见到了追授他的一枚冰冷的勋章。这勋章是一名空军少将给我的，他告诉我，在清除地球航线上的小行星的行动中，一块被反物质炸弹炸出的小行星碎片击中了父亲的单座微型飞船。

“当时那个石块和飞船的相对速度有每秒100千米，撞击使飞船座舱瞬间汽化了，他没有一点儿痛苦，我向您保证，没有一点儿痛苦！”将军说。

当地球又向太阳跌回去的时候，我和加代子又到地面上来看春天，但没有看到。世界仍是一片灰色，阴暗的天空下，大地上分布着由残留海水形成的一个个冰冻湖泊，见不到一点儿绿色。大气中的撞击尘挡住了阳光，使气温难以回升。甚至在近日点，海洋和大地都没有解冻，太阳呈一个朦胧的光晕，仿佛是撞击尘后面的一个幽灵。

3年以后，空中的撞击尘才有所消散，人类终于最后一次通过近日点，向远日点升去。在这次通过近日点时，东半球的人有幸目睹了地球历史上最快的一次日出和日落。太阳从海平面上一跃而起，迅速划过长空，大地上万物的影子在很快地变换着角度，仿佛是无数根钟表的秒针。这也是地球上最短的一个白天，只有不到一个小时。当一小时后太阳跌入地平线，黑暗降临大地时，我感到一阵伤感。这转瞬即逝的一天，仿佛是对地球在太阳系45亿年进化史的一个短暂的总结。直到宇宙的末日，它不会再回来了。

“天黑了。”加代子忧伤地说。

“最长的一夜。”我说。

东半球的这一夜将延续2500年的时间，一百代人后，半人马座的曙光才能再次照亮这块大陆。西半球也将面临最长的白天，但比这里的黑夜要短得多。在那里，太阳将很快升到天顶，然后一直静止在那个位置上渐渐变小，在半世纪内，它就会融入星群难以分辨了。

按照预定的航线，地球升向与木星的会合点。航行委员会的计划是：地球第15圈的公转轨道是如此之扁，以至于它的远日点会到达木星轨道，地球将与木星在几乎相撞的距离上擦身而过，在木星巨大引力的拉动下，地球将最终达到逃逸速度。

离开近日点两个月后，就能用肉眼看到木星了。它开始只是一个模糊的光点，但很快显出圆盘的形状；又过了一个月，木星在地球上空已有满月大小了，呈暗红色，能隐约看到上面的条纹。这时，15年来一直垂直的地球发动机光柱中有一些开始摆动，地球在做会合前最后的姿态调整，木星渐渐沉到了地平线下。以后的三个多月，木星一直处在地球的另一面，我们看不到它，但知道两颗行星正在交会之中。

有一天，我们突然被告知东半球也能看到木星了，于是人们纷纷从地下城中来到地面。当我走出城市的密封门来到地面时，发现开了15年的地球发动机已经全部关闭了，我再次看到了星空，这表明同木星最后的交会正在进行。人们都在紧张地盯着西方的地平线，地平线上出现了一片暗红色的光，那光区渐渐扩大，延伸到整个地平线的宽度。我现在发现那暗红色的区域上方同漆黑的星空之间有一道整齐的边界，那边界呈弧形，那巨大的弧形从地平线的一端跨到了另一端，在缓缓升起，巨弧下的天空都变成了暗红色，仿佛一块同星空一样大小的暗红色幕布在把地球同整个宇宙隔开。当我回过神来时，不由得倒吸了一口冷气，那暗红色的幕布就是木星！我早就知道木星的体积是地球的1300多倍，现在才真正感觉到它的巨大。这个宇宙巨怪在整个地平线上升起时所带来的那种恐惧和压抑感是难以用语言描述的，一名记者后来写道："不知是我身处噩梦中,还是这整个宇宙都是一个造物主巨大而变态的头脑中的噩梦！"木星恐怖地上升着，渐渐占据了半个天空。这时，我们可以清楚地看到它云层中的风暴，那风暴把云层搅动成让人迷茫的混乱线条，我知道那厚厚的云层下是沸腾的液氢和液氦的大洋。著名的大红斑出现了，这个在木星表面维持了几十万年的大旋涡大得可以吞下整个地球。

这时，木星已占满了整个天空，地球仿佛是浮在木星沸腾的暗红色云海上的一只气球！而木星的大红斑就处在天空正中，如一只红色的巨眼盯着我们的世界，大地笼罩在它那阴森的红光中……这时，谁都无法相信小小的地球能逃出这巨大怪物的引力场。从地面上看，地球甚至连成为木星的卫星都不可能，我们就要掉进那无边云海覆盖着的地狱中去了！但领航工程师们的计算是精确的，暗红色的、迷乱的天空在缓缓移动着，不知过了多长时间，西方的天边露出了黑色的一角，那黑色迅速扩大，其中有星星在闪烁，地球正在冲出木星的引力魔掌。这时，警报尖叫起来，木星产生的引力潮汐正在向内陆推进，后来得知，这次大潮百米多高的巨浪再次横扫了整个大陆。在跑进地下城的密封门时，我最后看了一眼仍占据半个天空的木星，发现木星的云海中有一道明显的划痕。后来知道，那是地球引力作用在木星表面留下的痕迹，我们的星球也在木星表面拉起了如山的液氢和液氦的巨浪。这时，木星巨大的引力正在把地球加速甩向外太空。

离开木星时，地球已达到了逃逸速度，它不再需要返回潜藏着死亡的太阳系，而是向广漠的外太空飞去。漫长的流浪时代开始了。

就在木星暗红色的阴影下，我的儿子在地层深处出生了。

叛　乱

离开木星后，亚洲大陆上10000多台地球发动机再次全功率开动。这一次它们要不停地运行500年，不停地加速地球。这500年中，发动机将把亚洲大陆上一半的山脉用作燃料消耗掉。

从4个多世纪死亡的恐惧中解脱出来，人们长出了一口气。但预料中的狂欢并没有出现，接下来发生的事情出乎所有人的想象。

在地下城的庆祝集会后，我一个人穿上密封服来到地面。童年时熟悉的群山已被超级挖掘机夷为平地，大地上只有裸露的岩石和坚硬的冻土，冻土上到处有白色的斑块，那是大海潮留下的盐渍。面前那座爷爷和爸爸度过了一生的曾有千万人口的大城市现在已是一片废墟，高楼钢筋外露的残骸在地球发动机光柱的蓝光中拖着长长的影子，好像是史前巨兽的化石……一次次的洪水和小行星的撞击已摧毁了地面上的一切，各大陆上的城市和植被都荡然无存，地球表面已变成像火星一样的荒漠。

这一段时间，加代子心神不定。她常常扔下孩子不管，一个人开着飞行汽车出去旅行，回来后，只是说她去了西半球。最后，她拉我一起去了。

我们的飞行汽车以四倍音速飞行了两个小时，终于能够看到太阳了。它刚刚升出太平洋，这时看上去只有棒球大小，给冰封的洋面投下一片微弱的、冷冷的光芒。加代子把飞行汽车悬停在5000米的空中，然后从后面拿出了一个长长的东西，去掉封套后，我看到那是一架天文望远镜——业余爱好者用的那种。加代子打开车窗，把望远镜对准太阳让我看。

从有色镜片中我看到了放大几百倍的太阳，我甚至清楚地看到太阳表面缓缓移动的明暗斑点，还有太阳边缘隐隐约约的日珥。

加代子把望远镜同车内的计算机联起来，把一个太阳图像采集下来。然后，她又调出了另一个太阳图像，说："这个是四个世纪前的太阳图像。"接着，计算机对两个图像进行比较。

"看到了吗？"加代子指着屏幕说，"它们的光度、像素排列、像素概率、层次统计等参数都完全一样！"

我摇摇头说："这能说明什么？一架玩具望远镜、一个低级图像处理程序，加上你这个无知的外行……别自寻烦恼了，别信那些谣言！"

"你是个白痴！"她说着，收回望远镜，把飞行汽车往回开。这时，在我们的上方和下方，我又远远地看到了几辆飞行汽车，同我们刚才一样悬在空中，从每辆车的车窗中都伸出一架望远镜对着太阳。

以后的几个月中，一个可怕的说法像野火一样在全世界蔓延。越来越多的人自发地用更大型、更精密的仪器观测太阳。后来，一个民间组织向太阳发射了一组探测器，它们在三个月后穿过日球。探测器发回的数据最后证实了那个传言。

同四个世纪前相比，太阳没有任何变化。

现在，各大陆的地下城已成了一座座骚动的火山，局势一触即发。一天，按照联合政府的法令，我和加代子把儿子送进了养育中心。回家的路上，我们俩都感到维系我们关系的唯一纽带已不存在了。走到市中心广场，我们看到有些人在演讲，另一些人在演讲者周围向市民分发武器。

"公民们！地球被出卖了！人类被出卖了！文明被出卖了！我

们都是一个超级骗局的牺牲品！这个骗局之巨大、之可怕，上帝都会为之休克！太阳还是原来的太阳，它不会爆发，过去、现在、将来都不会，它是永恒的象征！爆发的是联合政府中那些人阴险的野心！他们编造了这一切，只是为了建立他们的独裁帝国！他们毁了地球！他们毁了人类文明！公民们，有良知的公民们！拿起武器，拯救我们的星球！拯救人类文明！我们要推翻联合政府，控制地球发动机，把我们的星球从这寒冷的外太空开回原来的轨道！开回到太阳温暖的怀抱中！”

加代子默默地走上前去，从分发武器的人手中接过了一支冲锋枪，加入那些拿到武器的市民的队列中，她没有回头，同那支庞大的队列一起消失在地下城的迷雾里。

我呆呆地站在那儿，手在衣袋中紧紧攥着父亲用生命和忠诚换来的那枚勋章，它的边角把我的手扎出了血……

三天后，叛乱在各个大陆同时爆发了。

叛军所到之处，人民群起响应，直到现在，还很少有人怀疑自己受骗了。但我加入了联合政府的军队，这并非出于对政府的信任，而是我的三代前辈都有过军旅生涯，他们在我心中种下了忠诚的种子，不论在什么情况下，背叛联合政府对我来说都是一件不可想象的事。

美洲、非洲、大洋洲和南极洲相继沦陷，联合政府收缩防线，死守地球发动机所在的东亚和中亚。叛军很快对这里形成包围态势，他们对政府军占有压倒性优势，之所以在相当长一段时间里攻势没有取得进展，完全是因为地球发动机。叛军不想毁掉地球发动机，所以在这一广阔的战区没有使用重武器，使联合政府得以苟延残喘。双方这样僵持了三个月，联合政府的十二个集团军相继临阵倒戈，东亚和中亚防线全线崩溃。两个月后，大势已去的联合政府连同不到十万人的军队在靠近海岸的地球发动机控制中心陷入重围。

我就是这残存军队中的一名少校。控制中心有一座中等城市大小，它的中心是地球驾驶室。我拖着一条被激光束烧焦的手臂，躺在控制中心的伤兵收容站里。就是在这儿，我得知加代子已在澳大利亚战役中阵亡。我和收容站里所有的人一样，整天喝得烂醉，对外面的战事全然不知，也不感兴趣。不知过了多久，听到有人在高声说话。

“知道你们为什么这样吗？你们在自责，在这场战争中，你们站到了反人类的一边，我也一样。”

我转头一看，发现讲话的人肩上有一颗将星。他接着说：“没关系的，我们还有最后的机会拯救自己的灵魂。地球驾驶室距我们这儿只有三个街区，我们去占领它，把它交给外面理智的人类！我们为联合政府已尽到了责任，现在该为人类尽责任了！”

我用那只没受伤的手抽出手枪，随着这群突然狂热起来的受伤和没受伤的人，沿着钢铁通道，向地球驾驶室冲去。出乎预料，一路上我们几乎没遇到抵抗，倒是有越来越多的人从错综复杂的钢铁通道的各个分支中加入我们。最后，我们来到了一扇巨大的门前，那钢铁大门高得望不到顶。它轰隆隆地打开了，我们冲进了地球驾驶室。

尽管以前无数次在电视中看到过，所有的人还是被驾驶室的宏伟震惊了。从视觉上看不出这里的大小，因为驾驶室淹没在一幅巨型全息图中。那是一幅太阳系的模拟图。整幅图像实际就是一个向所有方向无限伸延的黑色空间，我们一进来，就悬浮在这空间之中。由于尽量反映真实的比例，太阳和其他行星都很小很小，小得像远方的萤火虫，但能分辨出来。以那遥远的代表太阳的光点为中心，一条醒目的红色螺旋线扩展开来，像广阔的黑色洋面上迅速扩散的红色波圈，这是地球的航线。在螺旋线最外面的一点上，航线变成明亮的绿色，那是地球还没有完成的路程。那条绿线从我们的头顶掠过，顺着看去，我们看到了灿烂的星海，绿线消失在星海的深处，我们看不到它的尽头。在这广漠的黑色的空间中，还飘浮着许多闪亮的灰尘，其中几颗尘粒飘近，我发现那是一块块虚拟屏幕，上面翻滚着复杂的数字和曲线。

我看到了全人类瞩目的地球驾驶台，它好像是飘浮在黑色空间中的一颗银白色的小行星。看到它，我更难以把握这里的巨大——驾驶台本身就是一个广场，现在上面密密麻麻地站着5000多人，包括联合政府的主要成员、负责实施地球航行计划的星际移民委员会的大部分成员和那些最后忠于政府的人。这时，我听到最高执政官的声音在整个黑色空间响了起来。

“我们本来可以战斗到底的，但这可能导致地球发动机失控，这种情况一旦发生，过量聚变的物质将烧穿地球，或蒸发全部海洋，所以我们决定投降。我们理解所有的人，因为已经进行了四十代人，在还要延续一百代人的艰难奋斗中，永远保持理智确实是一种奢求。但也请所有的人记住我们，站在这里的5000多人，有联合政府的最高执政官，也有普通的列兵，是我们把信念坚持到了最后。我们都知道自己看不到真理被证实的那一天，但如果人类得以延续万代，以后所有的人都将在我们的墓前洒下自己的眼泪，这颗叫地球的行星，就是我们永恒的纪念碑！”

控制中心巨大的密封门隆隆开启，那最后的5000多名地球派一群群走了出来，在叛军的押送下向海岸走去。一路上，两边挤满了人，所有人都冲他们吐唾沫，用冰块和石块砸他们。他们中有人密封服的面罩被砸裂了，外面零下100多摄氏度的严寒使那些人的脸麻木了，但他们仍努力地走下去。我看到一个小女孩，举起一大块冰用尽全身力气狠狠地向一个老者砸去，她那双眼睛透过面罩射出疯狂的怒火。

当我听到这5000多人全部被判处死刑时，觉得太宽容了。难道仅仅一死吗？这一死就能偿清他们的罪恶吗？能偿清他们用离奇变态的想象和骗局毁掉地球、毁掉人类文明的罪恶吗？他们应该死一万次！这时，我想起了那些做出太阳氦闪爆发预测的天体物理学家、那些设计和建造地球发动机的工程师，他们在一个世纪前就已作古，我现在真想把他们从坟墓中挖出来，让他们也死一万次。

真感谢死刑的执行者们，他们为这些罪犯找了一种好的死法：他们收走了被判死刑的每个人的密封服上加热用的核能电池，然后把他们丢在大海的冰面上，让零下100多摄氏度的严寒慢慢夺去他们的生命。

这些人类文明史上最险恶、最可耻的罪犯在冰海上站了黑压压的一片，在岸上有十几万人看着他们，十几万副牙齿咬得嘣嘣响，十几万双眼睛喷出和那个小女孩一样的怒火。

这时，所有的地球发动机都已关闭，壮丽的群星出现在冰原之上。

我能想象出严寒像无数把尖刀刺进他们的身体，他们的血液在凝固，生命从他们的体内一点点流走，这想象中的感觉变成一种快感，传遍我的全身。看到那些人在严寒的折磨中慢慢死去，岸上的人们快活起来，他们一起唱起了《我的太阳》。我唱着，眼睛看着星空的一个方向，在那个方向上，有一颗稍大些、刚刚显出圆盘形状的星星发出黄色的光芒，那就是太阳。

啊，我的太阳，生命之母，万物之父，我的大神，我的上帝！还有什么比您更稳定，还有什么比您更永恒！我们这些渺小的，连灰尘都不如的碳基细菌，拥挤在围着您转的一粒小石头上，竟敢预言您的末日，我们怎么能蠢到这个程度！

一个小时过去了，海面上那些反人类的罪犯虽然还全都站着，但已没有一个活人，他们的血液已被冻结了。

我的眼睛突然什么都看不见了，几秒钟后，视力渐渐恢复，冰原、海岸和岸上的人群又在眼前慢慢显影，最后完全清晰了，而且比刚才更清晰。这个世界现在笼罩在一片强烈的白光中，刚才我眼睛的失明正是由于这突然出现的强光的刺激造成的。但星空没有重现，所有的星光都被这强光所淹没，仿佛整个宇宙都被强光熔化了，这强光从太空中的一点迸发出来，那一点现在成了宇宙中心，那一点就在我刚才盯着的方向。

太阳氦闪爆发了。

《我的太阳》的合唱戛然而止，岸上的十几万人呆住了，似乎同海面上那些人一样，被冻成了一片僵硬的岩石。

太阳最后一次把它的光和热洒向地球。地面上被冻结的二氧化碳干冰首先融化，腾起了一阵白色的蒸气；然后海冰表面也开始融化，受热不均的大海冰层发出惊天动地的巨响；渐渐地，照在地面上的光柔和起来，天空出现了微微的蓝色；后来，强烈的太阳风产生的极光在空中出现，苍穹中飘动着巨大的彩色光幕……

在这突然出现的灿烂阳光下，海面上最后的地球派们仍稳稳地站着，仿佛5000多尊雕像。

太阳氦闪爆发只持续了很短的时间，两个小时后，强光开始急剧减弱，很快熄灭了。在太阳的位置上出现了一个暗红色球体，它的体积慢慢膨胀，最后从这里看它，已达到了在地球轨道上看到的太阳大小，它的实际体积已大到越出火星轨道，而水星、金星和火星这三颗地球的伙伴行星，这时已在上亿摄氏度的辐射中化为一缕轻烟。但它已不是太阳，它不再发出光和热，看上去如同贴在太空中的一张冰冷的红纸，它那暗红色的光芒似乎是周围星光的散射。这就是小质量恒星演化的最后归宿：红巨星。

50亿年的壮丽生涯已成为飘逝的梦幻，太阳死了。

幸运的是，还有人活着。

流浪时代

当我回忆这一切时，半个世纪已过去了。20年前，地球航出了冥王星轨道，航出了太阳系，在寒冷广漠的外太空继续着它孤独的航程。

最近一次去地面是十几年前的事了，那是儿子和儿媳陪我去的，儿媳是一个金发碧眼的姑娘，就要做母亲了。

到地面后，我首先注意到，虽然所有的地球发动机仍全功率地运行，但巨大的光柱却看不到了。这是因为地球大气已消失，等离子体的光芒没有了散射。我看到地面上布满了奇怪的黄绿相间的半透明晶体块，这是固体氧氮，是已冻结的空气。有趣的是，空气并没有均匀地冻结在地球表面，而是形成了小山丘似的不规则的隆起，在原来平滑的大海冰原上，这些半透明的小山形成了奇特的景观。银河系的星河纹丝不动地横过天穹，也像被冻结了，但星光很亮，看久了还刺眼呢。

地球发动机将不间断地开动 500 年，到时地球将加速至光速的千分之五，然后地球将以这个速度滑行 1300 年，之后地球就走完了三分之二的航程，它将掉转发动机的方向，开始长达 500 年的减速。地球在航行 2400 年后将到达半人马座比邻星，再过 100 年时间，它将泊入这颗恒星的轨道，成为它的一颗行星。

我知道已被忘却
流浪的航程太长太长
但那一时刻要叫我一声啊
当东方再次出现霞光

我知道已被忘却
启航的时代太远太远
但那一时刻要叫我一声啊
当人类又看到了蓝天

我知道已被忘却
太阳系的往事太久太久
但那一时刻要叫我一声啊
当鲜花重新挂上枝头
……

每当听到这首歌，一股暖流就涌进我这年迈僵硬的身躯，我干涸的老眼又湿润了。我好像看到半人马座三颗金色的太阳在地平线上依次升起，万物沐浴在它们温暖的光芒中。固态的空气化了，变成了碧蓝的天。2000 多年前的种子从解冻的土层中复苏，大地绿了。我看到我的第一百代孙子孙女们在绿色的草原上欢笑着，草原上有清澈的小溪，溪中有银色的小鱼……我看到了加代子，她从绿色的大地上向我跑来，年轻美丽，像个天使……

啊，地球，我的流浪地球……

超新星纪元

这时，地球是天上的一颗星。

这时，北京是地上的一座城。

在这座已是一片灯海的城市里，有一所小学校，在校园里的一间教室中，一个毕业班正在开毕业晚会。像每一个这种场合必不可少的，孩子们开始畅谈自己的理想，未来像美丽的花朵一样在他们眼前绽开。

班主任郑晨是一名年轻的女教师，她问旁边的一个女孩儿："晓梦,你呢？你长大想干什么？"那女孩儿一直静静地看着窗外想心事，她穿着朴素，眼睛大而有神，透出一种与年龄不相称的忧郁和成熟。

"家里困难，我将来只能读职业中学了。"她轻轻叹了一口气说。

"那华华呢？"郑晨又问一个很帅的男孩儿。他的一双大眼睛总是不停地放出惊喜的光芒，仿佛世界在他的眼中，每时每刻都是一团刚刚爆发的五彩缤纷的焰火。"未来太有意思了，我一时还想不出来，不管干什么，我都要成为最棒的！"

"其实说这些都没什么意思，"一个瘦弱的男孩儿说。他叫严井，因为戴着一副度数很高的近视镜，大家都管他叫“眼镜”。“谁都不知道将来会发生什么，未来是不可预测的，什么事情都可能发生。”

华华说：“用科学的方法就可以预测，有未来学家的。”

“眼镜”摇摇头：“正是科学告诉我们未来不可预测，那些未来学家以前做出的预测没有多少是准的，因为世界是一个混沌系统，混沌系统，三点水的‘混沌’，不是吃的‘馄饨’。”

“这你好像跟我说过，这儿的蝴蝶拍一下翅膀，在地球那边就有一场风暴。”

“眼镜”点点头：“是的，混沌系统。”

华华说：“我的理想就是成为那只蝴蝶。”

“眼镜”又摇摇头：“你根本没明白，我们每个人都是蝴蝶，每只蝴蝶都是蝴蝶，每粒沙子和每滴雨水都是蝴蝶，所以世界才不可预测。”

“同学们，”班主任站起身来说，“我们最后看看自己的校园吧！”

于是，孩子们走出了教室，同他们的班主任老师一起漫步在校园中。这里的灯大都灭着，大都市的灯光从四周远远地照进来，使校园的一切显得宁静而朦胧。孩子们走过了两幢教学楼，走过了办公楼，走过了图书馆，最后穿过那排梧桐树，来到操场上。这43个孩子站在操场的中央，围着他们年轻的老师，郑晨张开双臂，对着在城市的灯光中暗淡了许多的星空说：

“孩子们，童年结束了。”

这似乎只是一个很小的故事，43个孩子，将离开这个宁静的小学校园，各自继续他们刚刚开始的人生旅程。

这似乎是一个极普通的夜，在这个夜里，时间一如既往平静地流动着。“不可能两次进入同一条河流”不过是古希腊人的梦呓，在人们心中，时间的河一直是同一条，以永恒的节奏流个没完。所以，即使在这个夜里，这个叫地球的行星上的名字叫人的碳基生物，在时间长河永恒感的慰藉下，仍能编织着已延续了无数代人的平静的梦。

这里有一个普通的小学校园，校园的操场上有43个13岁的孩子，同他们年轻的班主任一起仰望着星空。

苍穹上，冬夜的星座——金牛座、猎户座和大犬座已沉到西方地平线下；夏夜的星座——天琴座、武仙座和天秤座早已出现。一颗颗星如一只只遥远的眸子，从宇宙无边的夜海深处一眨一眨地看着人类世界，只是在今夜，这来自宇宙的目光有些异样。

这时，人类所知道的历史已走到了尽头。

死　星

在我们周围10光年的太空里，有大团的宇宙尘埃存在，这些尘埃像是漂浮在宇宙夜海中的乌云。正是这片星际尘埃，挡住了距地球8光年的一颗恒星，那颗恒星直径是太阳的23倍，质量是太阳的67倍。现在它已进入了漫长演化的最后阶段，离开主星序，步入自己的晚年期，我们把它称为死星。

如果它有记忆的话，也无法记住自己的童年。它诞生于5亿年前，它的母亲是另一片星云。经过剧变的童年和骚动的青年时代，核聚变的能量顶住了恒星外壳的坍缩，死星进入了漫长的中年期，它那童年时代以小时、分钟甚至秒来计算的演化现在以亿年来计算了，银河系广漠的星海又多了一个平静的光点。

但如果飞近死星的表面，就会发现这种平静是虚假的。这颗巨星的表面是核火焰的大洋，炽热的火的巨浪发着红光咆哮撞击，把高能粒子像暴雨般撒向太空；大得无法想象的能量从死星深深的中心涌上来，在广阔的火海上翻起一团团刺目的涌浪；火海之上，核能的台风在一刻不停地刮着，暗红色的等离子体在强磁场的扭曲下，形成一根根上千万千米高的龙卷柱，像伸向宇宙的红色海藻群……死星在人类看到的星空中应该是很亮的，它的视星等是 −7.5，如果不是它前方 3 光年处那片星际尘埃挡住它射向地球的光线的话，将有一颗比最亮的恒星——天狼星还亮 5 倍的星星照耀着人类历史。在没有月光的夜晚，那颗星星能在地上映出人影。那梦幻般的蓝色星光，一定会使人类更加多愁善感。

死星平静地燃烧了 4.6 亿年，它的生命壮丽辉煌，但冷酷的能量守恒定律使它的内部不可避免地发生了一些变化：随着氦的沉积，它那曾是能量源泉的心脏渐渐变暗——死星老了。又经过一系列复杂的变化，死星中心的核聚变已无法支撑沉重的外壳，曾使死星诞生的万有引力现在干起了相反的事，死星在引力之下坍缩成了一个致密的小球，组成它的原子在不可思议的压强下被压碎，首先坍塌的是核心，随后失去支撑的外壳也塌了下来，猛烈地撞击致密的核心，在瞬间最后一次点燃了核聚变。

5亿年引力和火焰的史诗结束了，一道雪亮的闪电撕裂了宇宙，死星化作亿万块碎片和尘埃。强大的能量化为电磁辐射和高能粒子的洪流，以光速涌向宇宙的各个方向。在死星爆发3年后，能量的巨浪轻而易举地推开了那片星际尘埃，向太阳扑来。

死星的强光越过了半人马座三星后，又在冷寂而广漠的外太空走了4年，终于到达了太阳系的外围（这时，那个小学班级的毕业晚会刚刚开始）。

死星的强光越过了冥王星，在它那固态氮的蓝色晶体大地上激起一片蒸气；很快，强光又越过了海王星和天王星，使它们的星环变得晶莹透明；越过了土星和木星，高能粒子的狂风在它们的液体表面掀起一阵磷光；死星的能量到达月球，哥白尼环形山和雨海平原发出一片刺目的白光。又过了一秒钟，在太空中行走了8年的死星的能量到达地球。

夜空骄阳

是中午了！

这是孩子们视力恢复后的第一个感觉，刚才的强光出现得太突然，仿佛有谁突然打开了宇宙中一盏大电灯的开关，使他们暂时失明了。

这时是22点18分，但孩子们确实站在正午的晴空之下！抬头看看这万里碧空，他们倒吸了一口冷气。这绝不是人们过去看到的那种蓝天，这天空蓝得惊人，蓝得发黑，如同超还原的彩色胶卷记录的色彩；而且这天空似乎纯净到了极点，仿佛是过去那略带灰白的天空被剥了一层皮，这天空的纯蓝像皮下的鲜肉一样，似乎马上就要流出血来。城市被阳光照得一片雪亮，看看那个太阳，孩子们失声惊叫起来。

那不是人类的太阳！

那个夜空中突然出现的“太阳”的强光使孩子们无法正视，他们从指缝中瞄了几眼，发现那个“太阳”不是圆的，它没有形状，事实上它的实体在地球上看去和星星一样是一个光点，白色的强光从宇宙中的一个点迸发出来，但由于它发出的光极强（视星等为-51.23，几乎是太阳的2倍），所以看上去并不小。它发出的光芒经大气的散射，好像是西天悬着的一只巨大而刺目的毒蜘蛛。

操场上的孩子们还没回过神来，空中就出现了闪电，这是由于死星的射线电离大气造成的。长长的紫色电弧在纯蓝的天空中出现，越来越密，雷声震耳欲聋。

“快！回教室去！”郑晨喊道。孩子们纷纷向教学楼跑去，每个人都捂着头，阵阵雷声在他们头顶炸响，仿佛整个世界都在分崩离析。跑进教室后，孩子们瑟瑟发抖地在老师的周围挤成一团。死星的光芒从一侧窗户中透射进来，在地板上投下明亮的方形；另一侧窗户则透进闪电的光，那蓝紫色的电光在教室的这一半急骤地闪动。空气中开始充满静电：人们衣服上的金属小件，都噼噼啪啪地闪起了小火花；皮肤上的汗毛都竖了起来，使人觉得浑身痒痒的；周围的物体都像长了刺似的扎手。

死星在宇宙中照耀了 1 小时 25 分钟后，突然消失了。现在，只有巨大的射电望远镜阵列才能探测到死星的遗体—— 一颗飞速旋转的中子星，它发出具有精确时间间隔的电磁脉冲。

孩子们把脸贴在教室的玻璃窗上，从头至尾目睹了这没有日落的日落、这最怪异的黄昏。他们看到，天空的蓝色渐渐变深，很快成了夜幕降临时的蓝黑色。死星的光芒在收敛，在它的周围形成了一片暮曙光，这暮曙光最初占据了半个天空，之后很快缩小至围着死星的一圈，色彩由蓝紫色过渡到白色，这时天空的大部分已黑了下来，零星的星星开始出现。死星周围的光晕继续缩小，最后完全消失，死星这时已由一个光芒四射的光源变成了一个亮点，当星空完全重现时，它仍是最亮的一颗星，然后它的亮度继续减弱，成了银河系中一颗普通的星星，5 分钟后，死星完全消失在宇宙深渊中。

看到闪电停了，孩子们跑出教室，他们发现自己置身于一个荧光世界中，在黑色的夜空下，外面的一切——树木、房屋、地面……全都发出蓝绿色的荧光，仿佛大地和它上面的一切都变成了半透明的玉石，而大地的深处有一个月亮似的光源照上来，把其光亮浸透于玉石之中。夜空中悬浮着发着绿光的云朵，被死星惊动的鸟群像发着绿光的精灵从空中飞快掠过。最让孩子们震惊的是，他们自己也发出荧光，从黑暗中看去如负片上的图像，像一群幽灵。

“我说过嘛，什么事情都会发生的……”“眼镜”喃喃地说。

这时，教室里的灯亮了，周围的城市灯光也相继亮了起来，孩子们才意识到刚才停电了。随着灯光的出现，那无处不在的荧光消失了。孩子们原以为世界恢复了原状，但他们很快发现让人震惊的事情还没有完。

在东北方向的天边有一片红光，过了一会儿，那个方向的天空中升起了发着暗红色光的云层，像刚刚出现的朝霞。

“这次是真的天亮了！”

“胡说，还不到12点呢！”

那红云浩浩荡荡地飘过来，很快覆盖了半个夜空，这时孩子们才发现，那云本身就发光。当红云的前缘飘至中天时，他们看到那里是由一条条巨大的光带组成的，像是从太空中垂下的无数条红色的帷幔，在缓缓地扭动变幻。

“是北极光呀！”有孩子喊。

由死星的辐射产生的极光很快布满了整个天空，在以后的两天，东半球的夜空都涌动着红色的光幔。

在死星出现的那个位置，浮现出一小片发光的星云！这是超新星爆发后留下的尘埃，死星残骸发出的高能电磁脉冲激发了它，使其在可见光波长发出同步加速辐射，人类才能看到它。星云现在还很小，初看上去只像一颗昏暗的星星，仔细看才能看出形状，但它在缓慢地长大，按照它的形状，人们称它为玫瑰星云。

从此，玫瑰星云将照耀着人类历史，直至这个继恐龙之后统治地球的物种毁灭或永生。

山谷世界

死星的出现对人类世界来说无疑是一件大事。从天文学的角度来讲，说这次超新星爆发近在眼前已不准确，应该是近在睫毛上。但到了第二天，普通人已经重新埋头于自己平淡的生活了，人们对超新星的兴趣，仅限于玫瑰星云又长到了多大、形状又发生了什么变化，不过这种关注已是休闲性质的了。

超新星爆发后的第三天，郑晨接到了校长的一个紧急通知，让她集合已放假的毕业班。郑晨很奇怪，这个班已正式毕业，按说已与学校没有什么关系了。当这个班的43个孩子又在他们的母校集合后，发现操场上有一辆大轿车在等着他们。车上下来三个人，其中那个负责的中年人叫张林，校长介绍说他们来自非常委员会。

“非常委员会？”这个名称让郑晨很困惑。

“是一个刚成立的机构。”张林简单地说，“您这个班的孩子要有一段时间不能回家，我们负责通知他们的家长，您对这个班比较熟悉，和他们一起去吧。不用拿什么东西了，现在就走。”

“这么急？”郑晨吃惊地问。

“时间紧。”张林简单地说。

载着43个孩子的大轿车出了城，一直向西开。张林坐在郑晨的旁边，一上车就仔细地看这个班的学生登记表，看完后两眼直视着车的前方，沉默不语。另外两个年轻人也是一样，看着他们那凝重的神色，郑晨也不好问什么。这气氛也感染了孩子们，他们一路上很少说话。车过了颐和园继续向西开，一直开到西山，又在丛林间的僻静的山间公路上开了一会儿，来到一个山谷里。山谷两边的山坡很平缓，到深秋的时候，这里可能会有很多红叶，但是现在还是一片绿色。谷底有一条小河，挽起裤脚就能走过去。车停在公路旁的一块空地上，这里已经停着一大片与这辆车一模一样的大轿车。郑晨和她的学生们下了车，看到这里已聚集了许多孩子，可能有上千名，他们的年龄看上去与这个班孩子的年龄差不多。

一位负责人站在一块大石头上大声讲话。

“孩子们,现在我告诉你们此行的目的:我们要做一个大游戏！”

他显然不是一个常与孩子打交道的人，说话时一脸严肃，没有一点儿做游戏的样子，但这话在孩子们中引起了一阵兴奋的骚动。

“你们看，”他指指这个山谷，“这就是我们做游戏的场地。你们 24 个班，每个班将在这里分到一块地，面积有三四平方千米，已经不小了。你们每个班将在这块土地上……听着，将在这块土地上建立一个小国家！”

他最后的这句话吸引了孩子们的注意力，上千双眼睛一动不动地聚焦在他身上。

“这个游戏为期 15 天，在这 15 天时间里，你们将自己生活在分配给你们的国土上！”

孩子们欢呼起来。

“安静安静！听我说。在这24块国土上，已经放置了必需的生活物资，如帐篷、行军床、燃料、食品和饮用水，但这些物资并不是平均分配的，比如有的国土上帐篷比较多，食品比较少，有的则相反。但有一点可以肯定，这些国土上总的生活物资的数量，是不够维持这么多天的生活的，你们将通过以下两个渠道获得生活物资：

“一是贸易。你们可以用自己多余的物资来换取自己短缺的物资，但即使这样，仍不可能使你们的小国家维持15天，因为生活物资的总量是不够的，这就需要你们——”

“二是进行生产。这将是你们的小国家中主要的活动和任务。生产是在你们的国土上开荒，在开好的土地上播下种子并浇上水。你们当然不可能等到田地里长出粮食，但根据你们开垦的土地的数量和播种灌溉的质量，可从游戏指挥组这里换到相应数量的食品。这24个小国家是沿着这条小河分布的，它是你们的共同资源，你们将用小河的水灌溉开垦土地。”

“国家的领导人由你们自己选举,每个国家有三位最高领导人，权力相等，国家的最高决策由他们共同做出。国家的行政机构由你们自己设置，你们自己决定所在国家的一切，如建设规划、对外政策等，我们不会干涉。国家的公民可以自由流动，你觉得哪个国家好就可以去哪个国家。”

“下面就到分配给你们的国土上去，首先给你们的国家起个名字，报到指挥组来，剩下就都是你们自己的事了。我只想告诉你们，这场游戏的限制很少很少，孩子们，这些小国家的命运和未来掌握在你们手里，希望你们使自己的小国家繁荣壮大！”

这是孩子们见过的最棒的游戏了，他们一哄而散，纷纷奔向自己的国土。

在张林的带领下，郑晨的班级很快找到了他们的国土，在这个被白色栅栏围起来的区域里，河滩和山坡各占一半，在河滩和山坡的交接处整齐地堆放着帐篷和食品等各种物资。孩子们向前跑去，在那堆物资中翻腾起来，把张林和郑晨甩在后面。郑晨听到孩子们发出一阵惊呼声，然后围成一圈看着什么。她走过去分开孩子们，向地上看去，一时十分惊讶。

在一块绿色的篷布上，整齐地摆放着一排冲锋枪。

郑晨对武器比较陌生，但她肯定这些不是玩具。她弯腰拿起其中的一支，有种沉甸甸的质感，还闻到了一股枪油味，那钢制的枪身现出冷森森的蓝色光泽。她看到旁边还有三个绿色的金属箱，一个孩子打开其中的一个，露出了里面装着的黄灿灿的子弹。

“叔叔，这是真枪吗？”一个孩子问刚走过来的张林。

“当然，这种微型冲锋枪是我军最新装备的制式武器，它体积小、重量轻，枪身可折叠，很适合孩子使用。”

“哇……”男孩子们兴奋地去拿枪。但郑晨厉声说：“别动！谁也不许碰这些东西！”然后转身质问张林，“这是怎么回事？”

张林淡淡地说：“作为一个国家，必需的物资中当然包括武器。”

“你刚才说，适合孩子……使用？”

“呵，你不必担心，”张林笑笑说，弯腰从弹药箱中拿出一排子弹，“这种子弹是没有杀伤力的，它实际上是粘在一小片塑料两侧的两小团金属丝，分量很轻，射出后速度很快减慢，击中人体也不会造成伤害。但这两团金属丝充有很强的静电，击中目标时会产生几十万伏的放电，会把人击倒并使其失去知觉，好在其电流强度很小，被击中的人会很快恢复，不会受到永久伤害。”

“被电击怎么能不造成伤害？”

“这种子弹最初是作为警用的，曾进行过大量的动物和人体试验，西方警察早在80年代就装备过这种子弹，有过大量的使用案例，从没有造成过伤亡。”

“如果打到眼睛上呢？”

“可以戴上护目镜。”

“如果被击中的人从高处摔下来呢？”

“我们特别选了比较平缓的地形……当然应该承认，绝对保证安全是很难的，但受伤的概率确实很小。”

“你们真的要把这些武器交给孩子们，并允许他们对别的孩子使用吗？”

张林点点头。

郑晨的脸色变得苍白：“不能用玩具枪吗？”

张林摇摇头：“战争是国家历史中不可少的组成部分，我们必须尽可能地制造出一种真实的氛围，这样得出的结果才能可靠。”

“结果？什么结果？”郑晨惊恐地盯着张林，像在看一个怪物，

“你们到底要干什么？”

“郑老师，您冷静些，我们做得很节制了，据可靠情报，有一半国家让孩子们使用实弹。”

“一半国家？全世界都在做这种游戏？”郑晨用恍惚的眼神四下看了看，似乎在确定她是不是处在噩梦中，然后努力使自己平静下来，撩了一下额前的乱发说，“请送我和孩子们回去。”

“这不可能，这个地区已经戒严了，我对您说过这项工作极其重要……”

郑晨再次失去控制：“我不管这些，我不允许你们这样做，作为一名教师，我有自己的责任和良心！”

“我们也有良心，但同样有更大的责任，正是这两样东西迫使我们这样做的。”张林用很真诚的目光看着郑晨，“请相信我们。”

“送孩子们回去！”郑晨不顾一切地大喊。

“请相信我们。”

这不高的话音是从郑晨身后传来的，她觉得这声音很熟，但一时又想不起在哪儿听到过。看到面前的孩子们都在呆呆地看着她身后的方向，她转过身来，看到这里已站了许多人，当她看清这些人时，更觉得自己不是在现实中了，这反而使她再次平静下来。这些人中，她认出了后面几位在电视上常见到的国家高级领导人，但她最先认出的是站在最前面的两个人。

他们是国家主席和国务院总理。

“有在噩梦中的感觉，是吗？”主席神情祥和地问。

郑晨说不出话，只是点点头。

总理说："这不奇怪，开始我们也有这种感觉，但很快就会适应的。"

主席的一句话使郑晨多少清醒过来一些："你们的工作很重要，关系到国家和民族的命运，以后我们会对大家解释清楚这一切的，到那时，老师同志，你会为你以前和现在所做的工作感到自豪的。"

一行人开始向相邻的那片小国土走去，总理走了一步又停下来，转身对郑晨说："年轻人，现在你要明白的只有一点：世界已不是原来的世界了。"

"同学们，给我们的小国家起个名字吧！""眼镜"建议。

这时，太阳已从山脊落下，给山谷洒下了一层金辉。

"就叫太阳国吧！"华华说，看到大家一致赞同，他又说，"我们要画一面国旗。"

于是，孩子们从那堆物资中找到一块白布，华华从带来的书包中拿出一支粗记号笔，在上面画了一个圆圈："这是太阳，谁有红色笔？把它涂上。"

"这不成了日本旗吗？"有孩子说。

晓梦拿过笔来，在太阳中画上了一双大大的眼睛和一张笑嘻嘻的嘴巴，又在太阳的周围画上了象征光芒的放射状线条，于是这面国旗得到了孩子们的认同。在超新星纪元，这面稚拙的国旗被作为最珍贵的历史文物保存在国家历史博物馆。

"国歌呢？"

“就用少先队的队歌吧。”

当太阳完全升出来时，孩子们在他们小小的国土中央举行了升旗仪式。

仪式结束后，张林问华华：“为什么首先想到设计国旗和确定国歌呢？”

“国家总得有一个，嗯，象征吧，总得让同学们看到国家吧，这样大家才有凝聚力！”

张林在笔记本上记下了些什么。

“我们做得不对吗？”有孩子问。

张林说：“此前那位负责人已经说过，你们自己决定这里的一切，照自己想的去做，我的任务只是观察，绝不干涉你们。”他又对旁边的郑晨说，“郑老师，您也是这样。”

然后孩子们选举国家领导人，过程很顺利，华华、“眼镜”和晓梦当选。华华让吕刚组建军队，结果班里的25个男孩子全是军队成员，其中的20个孩子领到了冲锋枪，吕刚安慰那5个没领到枪的怒气冲冲的男孩儿，答应这几天大家轮换着拿枪。晓梦则任命林莎为卫生部部长，让她管理生活物资中所有的药品，并给可能出现的病人看病。孩子们决定，其他的机构在国家的运行过程中根据需要设立。

然后孩子们开始在新国土上安家，他们清理空地并在上面支起帐篷。当几个孩子钻进刚支起的第一顶帐篷时，它倒了下来，把孩子们盖到里面，孩子们费了好大劲儿才钻出来，但这也让他们很开心。

到中午时，他们终于支起了几顶帐篷，并把行军床搬进去，基本安顿了下来。

在孩子们开始做午饭前，晓梦建议，应该把所有的食品和饮用水清点一下，对每天的消耗量做一个详细的计划。头两天的食品应尽量节省，因为开荒开始后，劳动强度更大，大家会吃得更多。另外，还要考虑到开荒不顺利，不能从指挥组那里及时换取食品的情况。孩子们干了一上午活儿，胃口都出奇地好，现在又不让敞开吃，大家都很有意见，但晓梦还是晓之以理，用极大的耐心说服了大家。

张林在旁边默默地观察着这一切，又在本子上记了些什么。

饭后，孩子们走访了邻国，与他们进行了一些易货贸易，用多余的帐篷和工具换来了较短缺的食品，同时了解了自己的国家所处的位置：他们在小河这一侧，上游的邻国是银河共和国，下游的邻国是巨人国，小河正对岸是伊妹儿国，它的上下游分别是蓝花国和毛毛虫国（分别以本国国土上的特色物产命名）。山谷中还有其他18个小国家，但距这里有一段距离，孩子们不太感兴趣。

其后的一天一夜是山谷世界的黄金时代，孩子们对新生活充满了兴奋和热情。第二天，所有的小国家都开始在山坡上开荒，孩子们使用铁锹和锄头等简单工具垦地，用塑料桶从小河中提水浇地。晚上，小河边燃起一堆堆篝火，山谷中回荡着孩子们的歌声和笑声，这时的山谷世界完全是一个童话般美丽的田园国度。

但童话世界很快消失了，灰色的现实又回到了山谷。

随着新鲜感的消失，开荒劳动的强度开始显现出来，孩子们一天干下来累得筋疲力尽，回到帐篷里倒在行军床上不想起来。晚上山谷中一片寂静，再也没有歌声和笑声了。

小国家之间的自然资源差别也显现出来，虽然相距不远，但有的国家土质松厚，容易开垦，有的则全是乱石，费半天劲儿也开不出多少地来。太阳国的国土属于最贫瘠之列，不但山坡上的土质极差，最要命的是河滩太宽。指挥组有一个规定：较平整的河滩只能作为居住地，开荒必须在山坡上，在河滩里开出的地不被承认。有的国土上，山坡距小河较近，可以排成一条人链向山坡上传递水桶浇地，这是一个高效、省力的办法。但太阳国宽宽的沙滩拉大了小河与山坡的距离，排不成人链，只能单人一桶桶地向坡上提水，劳动强度增大了许多。

"眼镜"这时提出了一个设想：在小河中用大石块筑一道坝，河水可以从坝上漫过或从石块的缝隙中流走，但水位也相应抬高了；再在山坡下挖一个大坑，用一条小水渠把河水引到坑里。

于是，太阳国抽调了10名壮劳力干这个工程。工程一开始就遭到了下游巨人国和蓝花国的强烈抗议。虽然"眼镜"反复向他们解释，坝只是抬高了水位，河水仍从坝上流过，不会影响下游河段的流量和水位，但下游两国死活不答应。华华主张不管它们的抗议，工程照常进行。但晓梦经过仔细考虑后认为，应该搞好与邻国的关系，从长远考虑，不能因小失大，同时小河是山谷世界的公共资源，与它有关的事情都很敏感，太阳国应该在山谷世界树立起自己良好的形象。"眼镜"则从实力方面考虑，虽然吕刚一再承诺一旦与下游两国爆发冲突，军队能保证国家的安全，但人家毕竟是两个国家，轻率地挑起冲突是不理智的。于是，太阳国放弃了原工程计划，在不建坝的情况下挖了一条引水渠,这样水渠要比原设计挖得深一倍，引到山脚下坑里的水也比原来少得多，但还是使开荒效率提高了很多。

现在，太阳国似乎引起了指挥组的注意，派驻太阳国的观察员除张林外又增加了一个人。

第三天，各种纠纷和冲突在山谷世界急剧增多，大部分是因自然资源的分配和易货贸易引起的，孩子们对冲突的调解是没有什么技巧和耐心的，山谷中开始出现枪声。开始，这些冲突都局限在小范围内，还没有扩大到整个山谷世界。在太阳国这一带，局势相对平稳，但下午由饮用水引起的冲突彻底打破了这种平衡。

小河中的水混浊不堪，不能饮用，而山谷世界中随生活物资配发的饮用水数量是一定的，但分配不均，有的小国家占有的饮用水数量是其他小国家的几倍甚至十几倍，这种分配的差别远大于其他物资，显然是策划者有意设置的。开荒的成果只能换取粮食而不能换饮用水，所以在第二天以后，饮水问题成了一些小国家生存下去的关键，自然也成了冲突的焦点。在太阳国周围的五国中，银河共和国占有的饮用水量最大，是其他小国家的近10倍。它对面的毛毛虫国饮用水首先耗尽，那个小国家的孩子们干什么都无计划，挥霍无度，开始时因懒得去河里取水，洗脸洗手都用饮用水，结果早早就陷入了困境。于是，他们只好与河对岸的银河共和国谈判，想通过易货贸易来换取饮用水，但对方提出的要求让他们绝对无法接受：银河共和国要毛毛虫国用土地换水！

这天夜里，太阳国从对岸的伊妹儿国的一个孩子那里得知，毛毛虫国向他们借枪，一借就是10支，还借子弹，并声称如果不借就向他们开战。毛毛虫国的45个孩子中有37个男孩子，自恃军力雄厚，而伊妹儿国正相反，三分之二是女孩儿，根本打不了仗，他们不想惹麻烦，加上毛毛虫国答应他们的优厚条件，就把枪和子弹借给毛毛虫国了。第二天中午，毛毛虫国的国土上响起了枪声，那些男孩子在学习射击。

在太阳国紧急召开的国务会议上，华华这样分析形势："毛毛虫国肯定要发起对银河共和国的战争，从军事实力上看，银河共和国肯定战败，被毛毛虫国吞并。毛毛虫国本来就有大片优良的山坡地，如果再拥有银河共和国的饮用水和武器，那就十分强大了，迟早要找我们的麻烦，我们应该及早准备才好。"

晓梦说："我们应该与伊妹儿国、巨人国和蓝花国结成联盟。"

华华说："既然这样，我们还不如趁战争爆发之前，把银河共和国也拉入联盟，这样毛毛虫国就不敢发动战争了。"

"眼镜"摇摇头说："世界战略格局的基本原理是势力均衡，你们违反了这个原理。"

"大博士，你能不能说明白些？"

"一个联盟，只有面对与自己实力相当的威胁时，才是稳定的，面对的威胁太大或太小，这个联盟都会解体。再说上游的国家都离我们较远，我们六国是一个相对独立的系统，如果银河共和国也加入联盟，毛毛虫国就找不到与谁结盟，必然陷入了绝对的劣势，对联盟构不成威胁，联盟也就不稳定。再说，银河共和国自恃有那么多饮用水，自高自大，会认为我们打它水的主意，也不会真心与我们结盟。”

大家都同意这个看法，晓梦问：“那剩下的三个国家愿意与我们结盟吗？”

华华说：“伊妹儿国应该没有问题，他们已经感觉到了毛毛虫国的威胁；至于其他两个国家，由我去说服他们。结盟符合他们的利益，加上在前面的水坝纠纷中，我国给他们留下了很好的印象，我想问题不大的。”

当天下午，华华出访相邻三国，他发挥了卓越的辩才，很快说服了这些小国家的领导人，伊妹儿国自愿并入太阳国。他们在三国交界处的小河边开会，正式成立三国联盟。

这之后，派驻太阳国的观察员又增加了一个人。

指挥组设在山顶上的一个电视转播站里，从这儿可以俯视整个山谷世界。三国联盟成立的这天晚上，郑晨来到转播站的小院外。

现在，玫瑰星云在空中的可视面积已长到两个满月那样大，它在苍穹中发出庄严而神秘的蓝光，这光芒照到大地上后就变成月光那样的银色，有满月那样亮，照亮了山谷中的每一个细节。玫瑰星云的面积和亮度在今后的几十年时间里会一直增长。据天文学家预测，当它达到最大时，将占据天空五分之一的面积，地球的夜晚将如白天的阴天时那么亮，夜晚将消失。

郑晨将目光下移到星云光芒中的山谷。一天的劳累后，孩子们都睡了，下面只能看到零星的几点灯火。现在，郑晨已经使自己完全投入了这项惊异的工作当中，不再问这一切都是为什么。

这时，原来用作转播站职工宿舍的那间小屋的门开了，张林走了出来，来到郑晨身边，同她一起看着山谷，说："郑老师，目前在所有的小国家中，您的班级是运行得最成功的，这些孩子素质很高。"

"你怎么说他们是最成功的？据我所知，在山谷最西边有一个小国家，现在已吞并了周围5个小国，形成了一个国土面积和人口都是原来数倍的国家，并且还在不停地扩张。"

"不，郑老师，这并不是我们所看重的，我们看重的是小国家自身建设的成就、自身的凝聚力、对自己所处的小世界的形势判断，以及由此所做出的长远决策等。"

山谷世界的游戏是可以自由退出的。这两天，几乎每个小国家都有孩子上山来到指挥组，说他们不玩了，越来越没意思了，干活太累，孩子们还用枪打架，太吓人了。负责人对他们说的都是同一句话："好的，孩子，回家去吧。"于是，他们很快被送回了家。但唯独太阳国没有一个孩子退出，这是最被指挥者们看重的一点。

这时，山谷响起了一阵枪声。

"是太阳国的位置！"郑晨失声惊叫。

张林看了看，说："不，是在他们上游，毛毛虫国开始进攻银河共和国了。”

枪声变得密集起来，山谷中可以看到一片枪口喷出的火焰。

“你们真的打算任事情这么发展下去吗？我的精神已经承受不了了。”郑晨的声音有些发颤。

“整个人类历史就是一部战争史，就是现在，人类世界还是战争不断，我们不是照样生活吗？”

“可他们是孩子！”

“很快就不是了。”

在这天下午，毛毛虫国答应了银河共和国的交换条件，同意用未开垦的土地中最好的一块来交换饮用水，但提出要举行一个土地交接仪式，双方各派出一支由20个男孩儿组成的仪仗队，银河共和国答应了这个条件。

当双方的国家领导人和仪仗队正在举行升降旗仪式时，埋伏在周围的10多名毛毛虫国的男孩儿突然向银河共和国的仪仗队射击，毛毛虫国的仪仗队也端枪扫射，银河共和国的那20名男孩儿在一片电火花中相继倒地。10分钟后，当他们浑身麻木地醒来时，发现自己已成了毛毛虫国的战俘，自己的国土也全部落入敌手。在这段时间里，毛毛虫国的军队冲过河进攻银河共和国，对方只剩下6名男孩儿和20多名女孩儿，枪全随仪仗队落入敌手，连招架之功都没有了。

毛毛虫国吞并银河共和国后，果然立即对下游的三国联盟提出了领土要求，他们一时还不敢对三国发动军事进攻，只是打饮用水这张牌，因为下游三国的饮用水即将耗尽。

这时，“眼镜”广博的知识再次发挥了作用，他想出了一个办法：在5个洗脸盆底部钻许多小孔，把它们分别装上石块摞起来，石块的直径由上往下依次减小，这样就做成了一个水过滤器。吕刚也提出一个净水方法：把野草和树叶捣成糊状，放入水中搅拌，等其沉淀后，水就被净化了。他说这是在随父亲看部队的野外生存训练时学到的。他们把用这两种方法处理后的水送到指挥组去鉴定，结果都达到了饮用标准。这之后，三国联盟反而可以向毛毛虫国出口饮用水了。

毛毛虫国开始准备进攻三国联盟，孩子们已无心去开荒，扩张领土已成了他们唯一的兴趣，也是未来食品的唯一来源，但他们很快发现这已经没有必要了。

从小河上游传来消息，山谷最西边的星云帝国已连续吞并了13个国家，形成了一个超级大国，他们那人数达400多的大军正沿山谷而下，声称要统一山谷世界。面对如此强大的敌人，毛毛虫国的领导人完全没了吞并银河共和国时的魄力，惊慌失措，不知如何是好，其结果是毛毛虫国乱作一团，最后作鸟兽散了。那些孩子一半到上游去投了星云帝国，其余的则找指挥组退出游戏回家了。三国联盟中的巨人国和蓝花国也随之解体，大部分孩子都退出了游戏。这样，只剩下太阳国在山谷的一端面对强敌。

太阳国的全体公民决心战斗到底，保卫国家。孩子们对这些天来他们洒下汗水的小小国土产生了感情，由此产生了让指挥组的大人们都惊叹的精神力量。

吕刚制订了一个作战方案：太阳国的孩子们把那片宽阔河滩上的帐篷全部推倒，用各种杂物筑成了两道防线，分别位于这片河滩的东、西两侧。河滩西侧首先迎敌的第一道防线上只布置了10个男孩儿，吕刚这样吩咐他们："你们打完一梭子后，就喊'没有子弹了！'然后向回跑。"

防线刚布置完毕，星云帝国的军队就沿山谷密密麻麻地拥了过来，很快布满了原来银河共和国和毛毛虫国的国土。有个男孩儿在用扩音器喊：

"喂，太阳国的孩子们，山谷世界已经被星云帝国统一，你们这些小可怜还玩个什么劲儿啊，快投降吧！"

回答他们的只有沉默。于是，星云帝国开始进攻，太阳国第一道防线的孩子们开始射击，进攻的星云帝国军队立刻卧倒，双方对射起来。太阳国防线的枪声渐渐稀下来，有一个孩子大喊："没有子弹了！快跑啊！"于是，防线上的所有孩子们都起身向后跑去。"他们没子弹了！冲啊！"星云帝国军队见状起身高呼着成群冲来，当他们冲到那片河滩开阔地的一半时，太阳国第二道防线的冲锋枪突然开火，星云帝国军队猝不及防，被打倒了一大片，后面的孩子们见状忙向回跑。第一次进攻被击退了。

等到那些被带电子弹击中的孩子们都爬起来后，星云帝国马上组织了第二次进攻。太阳国这时子弹真的不多了，他们看着那10倍于己、沿河边谨慎行进的大群帝国士兵，准备做最后的抵抗。这时，有孩子惊呼："天啊，他们还有直升机！"

真有一架直升机从山后飞来，在战场上空悬停，飞机上的扩音器中响起一个大人的声音：

"孩子们！停止射击！游戏结束了！"

突 变

天刚黑下来时，三架载着 54 个孩子的直升机向市内飞去，这些孩子大部分是郑晨班级的。

直升机依次降落在一幢灯火通明的建筑物前，这幢建筑物的外表是 20 世纪 50 年代建筑的朴素风格。山谷游戏指挥组的负责人和郑晨带着这 54 个孩子进了大门，沿着一条长长的走廊向前走。走廊尽头有一扇有着闪光的、黄铜把手的、包着皮革的大门，孩子们走近时，门前两位哨兵轻轻把门打开，他们走进了一个宽阔的大厅。这是一个发生过很多大事的大厅，在那些高大的立柱间，仿佛游动着历史的幻影。

大厅中有三个人，他们是国家主席、国务院总理和军队的总参谋长。他们在这里好像已经有一段时间了，在低声地谈着什么，当大厅的门打开时，他们都转身看着孩子们。

带孩子们来的两位负责人走到主席和总理面前，简短地低声汇报了几句。

"孩子们好！"主席说，"这是我最后一次把你们当孩子了，历史要求你们在10分钟时间里，从13岁长到30岁。首先请总理为大家介绍情况吧。”

总理说：“大家都知道，数天前发生了一次近距离的超新星爆发，你们肯定已对其过程了解得很详细，我就不多说了，下面只说一件你们不知道的事情。超新星爆发后，世界各国的医学机构都在研究它对人类健康的影响。现在，我们已收到了来自各大洲的权威医学机构的信息，他们同国内医学机构得出的结论是相同的。超新星的高能射线完全破坏了人体细胞中的染色体，这种未知的射线穿透力极强，在室内甚至矿井中的人都不能幸免。但对一部分人来说，染色体受到的损伤是可以自行修复的，年龄为13岁的人可修复97%，12岁和12岁以下的孩子可修复100%，其余的人的机体受到的损伤是不可逆转的。我们的生存时间，从现在算起，还有两到三天。超新星在可见光波段只亮了一个多小时，但其不可见的高能射线持续了两天，也就是天空中出现极光的那段时间，这期间地球自转了两圈，所以全世界都是一样的。”

总理的声音沉稳而冷峻，仿佛在说一件很平常的事情。孩子们的头脑一时还处于麻木之中，他们费力地思考着总理的话，好长时间都不明白，突然，几乎就在同时，他们都明白了。

几十年后，当超新星纪元的第二代人成长起来，他们对父辈听到那个消息时的感受很好奇，因为那是有史以来最让人震惊的消息。新一代的历史学家和文学家们也做了无数种生动的描述，但他们全错了，这时，在犹如国家心脏的这个大厅里，这54个孩子所感到的不是震惊，而是陌生，仿佛一把无形的利刃凌空劈下，把过去和未来从这一点齐齐斩断，他们面对的是一个完全陌生的世界。这时，从那宽大的窗户可以看到刚刚升起的玫瑰星云，它把银色的光芒投到大厅的地板上，仿佛是宇宙中凝视着他们的一只怪异的巨眼。

在那两天时间里，大地和海洋笼罩在密密的射线暴雨里，高能粒子以巨大的能量穿过人类的躯体，穿过组成躯体的每个细胞。细胞中那微小的染色体，如一根根晶莹而脆弱的游丝在高能粒子的弹雨中颤抖、挣扎，DNA双螺旋被撕开，碱基四下飞散。受伤的基因仍在继续工作，但经过几千万年进化的精确的生命之链已被扭曲击断，已变异的基因现在不是复制生命，而是播撒死亡了。地球在旋转，全人类在经历一场死亡淋浴，在几十亿人的体内，死神的钟表上满了弦，嘀嗒嘀嗒地走了起来……

世界上13岁以上的人将全部死去，地球，将成为一个只有孩子的世界。

紧接着又一个晴空霹雳，将使孩子们眼中这刚刚变得陌生的世界四分五裂，使他们悬浮于茫然的虚空之中。

郑晨首先醒悟过来："总理，这些孩子，如果我没有猜错，是……"

总理点点头，平静地说："你没有猜错。"

"这不可能！"年轻的小学教师惊叫起来。

国家领导人无言地看着她。

"他们是孩子，怎么可能……"

"那么，年轻人，你认为该怎么办呢？"总理问。

“……至少，应在全国范围内选拔的。”

“你认为这可能吗？我们，只有两三天的时间了……与成人不一样，孩子们并没有一个全国范围的由上至下的社会结构，所以不可能在短时间内在4亿孩子中找到最有能力和最适合承担这种责任的人。在这人类最危难的时刻，我们绝不能让整个国家处于没有大脑的状态，还能有别的选择吗？所以，我们与世界上其他各国一样采取了这种非常特殊的选拔方式。”

年轻的教师几乎要昏倒了。

主席走到她面前说：“你的学生们未必同意你的看法。你只了解平时的他们，并不了解极限状态时的他们，在极端时刻，人，包括孩子，都有可能成为超人！”

主席转向这群面对眼前的一切仍然处于茫然中的孩子，说：

“是的，孩子们，你们将领导这个国家。”

认识国家

一支小小的车队向北京近郊驶去，来到一处僻静的周围有小山环绕的地方。车停了，主席和总理，还有三个孩子——华华、“眼镜”和晓梦下了车。

“孩子们，看。”主席指指前方。他们看到了一条铁路，只有单轨，上面停着长长的载货列车，那列车有首尾相接的许多列，太长了，成一个巨大的弧形从远方的小山脚下拐过去，看不到尽头。

“哇，这么长的火车！”华华喊道。

总理说：“这里共有11列货车，每列车有20节，共220节车皮。”

主席说：“这是一条环形试验铁路，是一个大圆圈，刚出厂的机车就在这条铁路上进行性能测试。”他指指最近的那一列火车，“去看看那上面装的什么。”

三个孩子向列车跑去，华华顺着梯子爬上了一节车皮，然后“眼镜”和晓梦也爬了上去。他们站在装得满满一车皮的白色大塑料袋上，向前方看去，这一列车全部装着这种白色的袋子，在阳光下反射着耀眼的白光。他们蹲下来，“眼镜”用手指在一个袋子上捅了个小洞，看到里面是一些白色半透明的针状颗粒，华华捏起一粒来用舌头舔了一下。

“当心有毒！”“眼镜”说。

“我觉得好像是味精。”晓梦说，也捏起一粒舔了一下，“真的是味精。”

“你能尝出味精的味道？”华华怀疑地看着晓梦。

“确实是味精，你们看！”“眼镜”指着前面正面朝上的一排袋子，上面有醒目的大字，这种商标他们在电视广告上常见，但孩子们很难把电视上那个戴着高高白帽子的大师傅放进锅里的一点白粉末同眼前这白色的巨龙联系起来。他们在这白袋子上走到车皮的另一头，小心地跨过连接处，来到另一节车皮上，看看那满装的白色袋子，也是味精。他们又连着走过了3节车皮，上面都满载着大袋的味精，无疑，剩下的车皮装的也都是味精。对看惯了汽车的孩子们来说，这一节火车车皮已经是十分巨大了，他们数了数，如刚才总理所说，整列货车共有20节车皮，都满满地装着大袋味精。

“哇，太多了，全国的味精肯定都在这儿了！”

孩子们从梯子下到地面，看到主席和总理一行人正沿着铁道边的小路向他们走来，他们刚想跑过去问个究竟，却见到总理冲他们挥挥手，喊道：“再看看前面那些火车上装的是什么！”

于是，三个孩子在小路上跑过了10多节车皮，跑过机车，来到与这辆火车间隔十几米的另一辆火车的车尾，爬到最后一节车皮的顶上。他们又看到了装满车皮的白色袋子，但不是刚才看到的塑料袋，而是编织袋，袋子上标明是食盐。这袋子很难弄破，但有少量粉末漏了出来，他们用手指蘸些尝尝，确实是盐。前面又是一条白色的长龙，这列火车的20节车皮上装的都是食盐。

孩子们下到铁路旁的小路上，又跑过了这列长长的火车，爬到第三列的车皮顶上看，同第二列相同，这列火车的20节车皮上装的也全是食盐。他们又下来，跑去看第四列火车，还是满载着食盐。去看第五列火车时，晓梦说跑不动了，于是他们走着去，走过这20节车皮花了不少时间，第五列火车上也全是食盐。

站在第五列火车车皮的顶上向前望，他们有些泄气了：列车的长龙还是望不到头，弯成一个大弧形消失在远处的一座小山后面。孩子们又走过了两列载满食盐的列车，第七列列车的头部已绕过了小山，站在车皮顶上终于可以看到这条列车长龙的尽头，他们数了数，前面还有4列火车！

三个孩子坐在车皮顶的盐袋上喘着气，“眼镜”说：“累死了，往回走吧，前面那几列肯定也都是盐！”

华华又站起来看了看：“哼，环球旅行，我们已经走过了这个环形铁路大圆圈的一半，从哪面回去距离都一样！”

于是，孩子们继续向前走，走过了一节又一节车皮，路途遥遥，真像环球旅行了。每节车皮他们不用爬上去就能知道里面装的是食盐，他们现在知道盐也有味儿，“眼镜”说那是海的味道。三个孩子终于走完了最后一列火车，走出了那长长的阴影，眼前豁然开朗。他们面前出现了一段空铁轨，铁轨的尽头就是那列停在环形铁路起点的满载味精的火车了，孩子们沿着空铁轨走去。

在环形铁路的起点上，主席和总理站在火车旁谈着什么，总理在说着，主席缓缓地点头，两人的脸色凝重严峻，显然已谈了很长时间，他们的身影与黑色的高大车体形成了一幅凝重有力的构图，仿佛是一幅年代久远的油画。当他们看到远远走来的孩子们时，神情立刻开朗起来，主席冲孩子们挥挥手。

华华低声说：“你们发现没有，他们在我们面前时和他们自己在一起时很不一样。在我们面前时，好像天塌下来也是乐观的；他们自己在一起时，那个严肃，让我觉得天真的要塌下来了。”

晓梦说：“大人们都是这样，他们能够控制自己的情绪，华华，你就不行。”

“我怎么了？我让小朋友们看到真实的自己有什么不好？”

“控制自己并不是虚假！知道吗，你的情绪会影响周围的人，特别是孩子们，最易受影响，所以你以后要学着控制自己，这点你应该向‘眼镜’学习。”

“他？哼，他脸上比别人少一半神经，什么时候都那个表情。行了晓梦，你比大人们教我的都多。”

“真的，你没有发现大人们教的很少吗？只有这一天时间，他们为什么不抓紧呢？”

走在前面的“眼镜”转过身来，那“少一半神经”的脸上还是那副漠然的表情：“这是人类历史上最难上的课，他们怕教错了。”

“孩子们辛苦了！今天下午你们可真走了不少的路，对看到的东西一定印象深刻吧？”主席对走到面前的孩子们说。

“眼镜”点点头说：“再普通的东西，数量大了就成了不普通的奇迹。”

华华附和道：“是的，真没想到世界上有这么多的味精和盐！”

主席和总理对视了一下，微微一笑，总理说：“我们的问题是：这么多的味精和盐够我们国家所有的公民吃多长时间？”

“起码1年吧。”“眼镜”不假思索地说。

总理摇摇头。

华华也摇头：“1年可吃不了，5年！”

总理又摇头。

“那是10年？”

总理说：“孩子们，这么多的味精和盐，只够全国公民吃1天。”

“1 天？”三个孩子大眼瞪小眼地呆立了好一会儿。华华对总理不自然地笑笑：“这……开玩笑吧？”

主席说：“按每人 1 天吃 1 克味精和 10 克盐计算，这每节车皮的载重量是 60 吨，这个国家有 12 亿公民。一道很简单的算术题，你们自己算吧。”

三个孩子在脑子里吃力地数着那一长串 0，终于知道这是真的。

“天啊！”华华说。

“天啊！”“眼镜”说。

“天啊！”晓梦说。

总理说：“这两天，我们总是在试图找到一个办法，使你们对自己国家的规模有一个感觉，这很不容易。但要领导这样一个国家，没有这种感觉是不行的。”

“实在对不起，孩子们，时间有限，只能给你们上这唯一的一堂课了。”主席沉重地对三个孩子——几个小时之后将是世界上最大国家的最高领导人说。

交接世界

这是公元世纪的最后一夜。

国家领导集体和他们的孩子继任者们再次相聚在中南海的那个大厅中。在过去的一天里，孩子们上了一堂人类历史上最难的课：试图在这一天内掌握这世界上绝大多数人终其一生都不可能掌握的东西。

在古老的围墙外面，首都的灯海消失了，城市静静地躺在玫瑰星云的光辉下，与远方同样没有灯光的广阔大地融为一体。此时，全世界的发电厂都小心翼翼地停止了运转，谁也不知道它们多少年以后才能重新启动。但由小型发电机维持的最基本的通信系统仍在运转，通过收音机仍能收听到已换成童声的广播，世界突然变得广漠无边，但并没有崩溃。

在大厅里，两代国家领导人在做最后的告别。大人们的病情已很重，他们都发着高烧，步履艰难。每位大人领导人都把他们的孩子继任者拉到身边，做最后的叮嘱。有些大人领导人只是在急促地、不停地说，仿佛想把自己的全部记忆在这最后的几十分钟里移植到继任者的大脑里；另一些大人领导人则长时间默默无言——要说的话分量太重，一时不知怎样说起。

总理对华华、“眼镜”和晓梦说：“你们首先要做的事情，是和全国各省取得联系，他们同我们一样已有所准备。记住，一定要和省一级领导机关联系，再往下更细的事情由他们去做，否则，你们是绝对顾不过来的。下一步，要确保全国孩子的基本生活，这个国家将只有4亿左右的人口了，只要组织得当，在相当长的一段时间内，这是不难做到的。但要记住，再多的存粮也会吃光的，要立刻着手恢复农业生产，尽你们的所能，夏粮能收多少就收多少，秋粮能种多少就种多少；工业生产的恢复要难得多，但也要立刻着手干，首先是交通，然后是能源，要知道，没有这两样，现有的大中城市将无法存在下去。对你们来说，这些都很难，但一定要试着干，不能等，等不来什么了。6岁以上的孩子都要参加工作，但这并不意味着停止学习，相反，不但要把你们现在的课程继续学下去，还要学多得多的东西，白天工作，就在晚上学。这种学习应该是跳跃式的，你们得提前学会很多只有大学才学的东西，才能使社会各领域运转起来。孩子们，要准备吃苦啊！”

“你们必须尽快使国家稳定下来，使国民经济正常运转起来，越快越好。因为据我们预测，你们的注意力很快不得不集中到另一件事情上：在三到五年内，国家有很大的可能将面对外敌入侵。”

总参谋长接着说：“我们无法准确预测未来的世界格局，但有一点可以肯定：孩子控制的世界将重新失去理智，现有的国际政治体系将全面崩溃，世界将进入野蛮争霸时代，战争会再次成为解决国际问题的主要手段。战争一旦爆发，将是全面的、大规模的，战争的样式和技术水平大约同第一次世界大战相当，虽然进程缓慢，但战场广阔，战况激烈残酷。首批入侵者可能来自近邻强国。所以，军队的恢复也要立即进行，且不能小于现有规模。”

总参谋长伸出一只手，他身后的一位大校军官把一只密码箱递给他。

“孩子们，我们很高兴把所有的东西都留给你们，但这件例外。这是国家战略核武器的启动密码和技术资料。我们只给了你们一小部分，但也是很不情愿的。这是把一支拉开栓的手枪放到了婴儿手里。可没有办法，如果人家的孩子手里有了这东西而你们没有，那个亏中华民族是吃不起的。千万记住，绝不能首先用它来打别人！剩下的一切，只能由你们自己来把握了。”

孩子们的几双手同时伸来，接住了那只沉甸甸的箱子。

只有主席还没说话，大家这时都安静下来，把目光会聚到他身上。

主席沉思良久才开口：“孩子们，在你们很小的时候，大人们就教导你们：有志者，事竟成。现在我要告诉你们，这句话不对。只有符合科学规律和社会发展规律的事，才能成。事实上，你们想干的大部分事，不管多么努力，也是成不了的。你们的责任，就是在一百件事情中除去九十九件不能成的事情，找出那一件能成的来。这极难，但你们必须做到！”

总理转身向后，领导者们向两边散开，露出了他们身后的一张大桌子，上面整齐地摆放着三十多部电话。主席指着那些电话说：“当世界交接完成时，各省的领导机构将通过这些电话同中央取得联系。这之前还有一段时间，大家要好好休息，睡一会儿，以后，不会有很多睡觉的时间了。”

主席说：“其实把超新星称为死星是完全错误的，冷静地想想，构成我们这个世界的所有重元素都来自爆发的恒星，构成地球的铁和硅、构成生命的碳，都是在远得无法想象的过去，从某颗超新星喷发到宇宙中的。所以超新星不是死星，而是真正的造物主！人类文明被拦腰切断，孩子们，我们相信，你们会使这新鲜的创口上开出绚丽的花朵。当超新星第二次袭击地球时，你们肯定已经学会了怎样挡住它的射线。”

华华说："那时我们会引爆一颗超新星，用它的能量飞出银河系！"

主席高兴地说："孩子们对未来的设想总比我们高一个层次，在同你们相处的这段时间里,这是最使我们陶醉的……好了,孩子们，我们该走了。"

"我想同孩子们在一起。"年轻的班主任郑晨说。

"小郑老师，我们还是一起走吧，相信你的学生们！姑娘，你应该骄傲地离开这个世界，人类历史上没有任何一位教师能与你相比，你培养出了一个国家！"

大人们相互搀扶着走出大厅，融入玫瑰星云银色的光芒之中。主席走在最后，他出门前转身对新的国家领导集体挥了挥手：

"孩子们，世界是你们的了！"

全世界的大人们用最后的时间到最后聚集地去迎接死亡，这些被称为终聚地的地方大都很偏僻，很大一部分在荒无人烟的沙漠、极地甚至海底。由于世界人口猛减至原来的五分之一，地球上大片地区重新变成人迹罕至的荒野，直到很多年后，那一座座巨大的陵墓才被发现。

创世纪

当只剩下他们时，孩子们真的感觉累了，50 多个孩子就在大厅里的长沙发和地毯上睡着了。

像透明的雾气无声无息地穿越宇宙，时间在无声地流动着……

当他们中的第一个人醒来时，天还黑着。接着，其他孩子们也醒来了，一个孩子无意中看到了大厅一角的那座大钟，他失声惊叫起来，其他的孩子们也都看着钟呆住了。

他们睡了10个小时，地球，现在已是一个孩子的世界了。

这一刻，被后来的历史学家称为人类的“精神奇点”，这是人类有史以来最孤独的时刻。这巨大的孤独感如崩塌的天空死死压住了孩子们，攫住了他们的每一个细胞。

“妈妈——”有个女孩失声叫了一声，所有的孩子都想哭，但——

电话响了。

开始是那30多部电话中的一部，紧接着两部、三部……分不清多少部电话在响了，蜂鸣声汇成一片，外部世界在呼唤，提醒着孩子领导集体记起他们的责任和使命。

他们没时间哭了。

“同志们，进入工作岗位！”华华大声说。新的国家领导集体向电话走去。

银色的玫瑰星云仍然那么明亮，这是古老恒星庄严的坟墓和孕育着新恒星的壮丽的胚胎，这光芒透过高高的落地窗，这群小身躯被镀上了一层银色光辉，与此同时，东方曙光初现，新世界将迎来她的第一次日出。

超新星纪元开始了。

乡村教师

他知道，这最后一课要提前讲了。

又一阵剧痛从肝部袭来，几乎使他昏厥过去。他已没气力下床了，便艰难地移近床边的窗口。月光映在窗纸上，银亮亮的，使小小的窗户看上去像是通向另一个世界的门，那个世界的一切一定都是银亮亮的，像用银子和不冻人的雪做成的盆景。他颤颤地抬起头，从窗纸的破洞中望出去，幻觉立刻消失了，他看到了远处自己度过了一生的村庄。

村庄静静地卧在月光下，像是百年前就没人似的。那些黄土高原上特有的平顶小屋，形状上同村子周围的黄土包没啥区别，在月夜中颜色也一样，整个村子仿佛已融入这黄土坡之中。只有村前那棵老槐树很清楚，树上干枯枝杈间的几个老鸦窝更是黑黑的，像是滴在这暗银色画面上的几滴醒目的墨点……其实村子也有美丽温暖的时候，比如秋收时，外面打工的男人女人们大都回来了，村里有了人声和笑声，家家屋顶上是金灿灿的玉米，打谷场上娃们在秸秆堆里打滚；再比如过年的时候，打谷场被汽灯照得通亮，在那里连着几天闹红火，摇旱船，舞狮子。那几个狮子只剩下咔嗒作响的木头脑壳，上面油漆都脱了，村里没钱置新狮子皮，就用几张床单代替，玩得也挺高兴……但十五一过，村里的青壮年都外出打工挣生活去了，村子一下没了生气。只有每天黄昏，当稀拉拉几缕炊烟升起时，村头可能出现一两个老人，仰起山核桃一样的脸，眼巴巴地望着那条通向山外的路，直到在老槐树挂住的最后一抹夕阳消失。天黑后，村里早早就没了灯光，娃娃和老人们睡得都早，电费贵，现在到了一块八一度电了。

这时，村里隐约传出了一声狗叫，声音很轻，好像那狗在说梦话。他看着村子周围月光下的黄土地，突然觉得那好像是纹丝不动的水面。要真是水就好了，今年是连着第五个旱年了，要想有收成，又要挑水浇地了。想起田地，他的目光向更远方移去，那些小块的山田，在月光下像一个巨人登山时留下的一个个脚印。在这只长荆条和毛蒿的石头山上，田也只能是这么东一小块、西一小块的，别说农机，连牲口都转不开身，只能凭人力种了。去年一家什么农机厂到这儿来，推销一种微型手扶拖拉机，机器可以在这些巴掌大的地里干活儿。那东西真是不错，可村里人说他们这是闹笑话哩！他们想过那些巴掌地能产出多少东西来吗？就是绣花似的种，能种出一年的口粮就不错了，遇上这样的旱年，可能种子钱都收不回来呢！为这样的田买那三五千一台的拖拉机，再搭上两块多一升的柴油？唉，这山里人的难处，外人哪能知晓呢？

这时，窗前走过了几个小小的黑影，这几个黑影在不远的田垄上围成一圈蹲下来，不知要干什么。他知道这都是自己的学生，其实只要他们在近旁，不用眼睛他也能感觉到他们的存在，这直觉是他一生积累出来的，只是在这生命的最后时间里更敏锐了。

他甚至能认出月光下的那几个孩子，其中肯定有刘宝柱和郭翠花。这两个孩子都是本村人，本来不必住校的，但他还是收他们住了。刘宝柱的爹10年前买了个川妹子成亲，生了宝柱，5年后娃大了，对那女人看得也松了，结果有一天她跑回四川了，还卷走了家里所有的钱。这以后，宝柱爹也变得不成样儿了，开始是赌，同村子里那几个老光棍儿一样，把个家折腾得只剩四堵墙、一张床；然后是喝，每天晚上都用八毛钱一斤的地瓜烧把自己灌得烂醉，喝完就拿孩子出气，每天一小揍，三天一大揍，直到上个月的一天半夜，抡了根烧火棍差点儿把宝柱的命要了。郭翠花更惨了，要说她妈还是正经娶来的，这在这儿可是个稀罕事，男人也很荣光了，可好景不长，喜事刚办完大家就发现她是个疯子，之所以迎亲时没看出来，大概是吃了什么药。本来嘛，好端端的女人哪会到这穷得鸟都不拉屎的地方来？但不管怎么说，翠花还是生下来了，并艰难地长大了。但她那疯妈妈的病也越来越重，犯起病来，白天拿菜刀砍人，晚上放火烧房，更多的时间还是在阴森森地笑，那声音让人汗毛直竖……

剩下的都是外村的孩子了，他们的村子距这里最近的也有10里山路，只能住校了。在这所简陋的乡村小学里，他们一住就是一个学期。娃们来时，除了带自己的铺盖，每人还背了一袋米或面，10

多个孩子在学校的那个大灶做饭吃。当冬夜降临时，娃们围在灶边，看着莱面糊糊在大铁锅中翻腾，灶膛里秸秆橘红色的火光映在他们脸上……这是他一生中看到过的最温暖的画面，他会把这画面带到另一个世界的。

窗外的田垄上，在那圈娃们中间，亮起了几点红色的小火星星，在这一片银灰色的月夜的背景上，火星星的红色格外醒目。这些娃们在烧香，接着他们又烧起纸来，火光把娃们的形象以橘红色在冬夜银灰色的背景上显现出来，这使他又想起了那灶边的画面。他脑海中还出现了另外一个类似的画面：当学校停电时（可能是因为线路坏了，但大多数时间是因为交不起电费），他给娃们上晚课。他手里举着一根蜡烛照着黑板，“看见不？”他问。“看不见！”娃们总是这样回答。那么一点点亮光，确实难看清，但娃们缺课多，晚课是必须上的。于是他再点上一根，手里举着两根。“还是不见！”娃们喊。于是他又点上一根，虽然还是看不清，但娃们不喊了，他们知道再喊老师也不会加蜡了，蜡太多了也是点不起的。烛光中，他看到下面那群娃们的面容时隐时现，像一群用自己的全部生命拼命挣脱黑暗的小虫虫。

娃们和火光，娃们和火光，总是娃们和火光，总是夜中的娃们和火光，这是这个世界深深刻在他脑子中的画面，但他始终不明其含义。

他知道娃们是在为他烧香和烧纸，他们以前多次这么干过，只是这次，他已没有力气像以前那样斥责他们迷信了。他用尽了一生在娃们的心中燃起科学和文明的火苗，但他明白，同笼罩着这偏远山村的愚昧和迷信相比，那火苗是多么弱小，像这深山冬夜中教室里的那根蜡烛。半年前，村里的一些人来到学校，要从本来已很破旧的校舍中取下椽子木，说是修村头的老君庙用。问他们校舍没顶了，娃们以后住哪儿，他们说可以睡教室里嘛，他说那教室四面漏风，大冬天能住？他们说反正都外村人。他拿起一根扁担和他们拼命，结果被人家打断了两根肋骨。好心人抬着他走了30多里山路，送到了镇医院。

就是在那次检查伤势时，意外发现他患了食道癌。这并不稀奇，这一带是食道癌高发区。镇医院的医生恭喜他因祸得福，因为他的食道癌现处于早期，还未扩散，动手术就能治愈，食道癌是手术治愈率最高的癌症之一，他算捡了条命。

于是他去了省城，去了肿瘤医院，在那里他问医生动一次这样的手术要多少钱。医生说："像你这样的情况可以住我们的扶贫病房，其他费用也可适当减免，最后下来不会太多的，也就两万多元吧。"想到他来自偏远山区，医生接着很详细地给他介绍住院手续怎么办，他默默地听着，突然问：

"要是不手术，我还有多长时间？"

医生呆呆地看了他好一阵儿，才说："半年吧。"并不解地看到他长出了一口气，好像得到了很大安慰。

至少能送走这届毕业班了。

他真的拿不出这两万多元。虽然民办教师工资很低，但干了这么多年，孤身一人，无牵无挂，按说也能攒下一些钱了。只是他把钱都花在娃们身上了，他已记不清给多少学生代交了学杂费，最近的就有刘宝柱和郭翠花；更多的时候，他看到娃们的饭锅里没有多少油星星，就用自己的工资买些肉和猪油回来……反正到现在，他全部的钱也只有手术所需费用的十分之一。

沿着省城那条宽阔的大街，他向火车站走去。这时天已黑了，城市的霓虹灯开始发出迷人的光芒，那光芒之多彩、之斑斓，让他迷惑；还有那些高楼，一入夜就变成了一盏盏高耸入云的巨大彩灯。音乐声在夜空中飘荡，疯狂的、轻柔的，走一段一个样。

就在这个不属于他的世界里，他慢慢地回忆起自己不算长的一生。他很坦然，各人有各人的命，早在20年前初中毕业回到乡村小学时，他就选定了自己的命。再说，他这条命很大一部分是另一位乡村教师给的。他就是在自己现在任教的这所小学度过童年的，他爹妈死得早，这所简陋的乡村小学就是他的家，他的小学老师把他当亲儿子待，日子虽然穷，但他的童年并不缺少爱。那年，放寒假了，老师要把他带回自己的家里过冬。老师的家很远，他们走了很长的积雪的山路，当看到老师家所在的村子的一点灯光时，已是半夜了。这时他们看到身后不远处有四点绿莹莹的亮光，那是两双狼眼。那时山里狼很多的，学校周围就能看到一堆堆狼屎。有一次他淘气，把那灰白色的东西点着了扔进教室里，使浓浓的狼烟充满了教室，把娃们都呛得跑了出来，让老师很生气。现在，那两只狼向他们慢慢逼近，老师折下一根粗树枝，挥动着它拦住狼的来路，同时大声喊着让他向村里跑。他当时吓糊涂了，只顾跑，只想着那狼会不会绕过老师来追他，只想着他会不会遇到其他的狼。当他上气不接下气地跑进村子，然后同几个拿猎枪的汉子去接老师时，却发现老师躺在一片已冻成糊状的血泊中，被狼咬得浑身是伤。老师在被送往镇医院的路上就咽了气，当时在火把的光芒中，他看到了老师的眼睛，老师的伤十分地重，已说不出话来，但用目光把一种心急如焚的牵挂传给了他，他读懂了那牵挂，记住了那牵挂。

初中毕业后，他放弃了在镇政府里一个不错的工作机会，直接回到了这个举目无亲的山村，回到了老师牵挂的这所乡村小学，这时，学校因为没有教师已荒废好几年了。

前不久，教委出台新政策，取消了民办教师，其中的一部分经考试考核转为公办。当他拿到教师资格证时，知道自己已成为一名国家承认的小学教师了，很高兴，但也只是高兴而已，不像别的同事那么激动。他不在乎什么民办、公办，他只在乎那一批又一批的娃们，从他的学校读完了小学，走向生活。不管他们是走出山去还是留在山里，他们的生活同那些没上过一天学的娃们总是有些不一样的。

他所在的山区，是这个国家最贫困的地区之一。但穷不是最可怕的，最可怕的是那里的人们对现状的麻木。记得那是好多年前了，搞包产到户，村里开始分田，然后又分其他的东西。对于村里唯一的一台拖拉机，大伙儿对出机时油钱怎么分配总也谈不拢，最后大家唯一都能接受的办法是把拖拉机分了，结果真的分了，你家拿一个轮子，他家拿一根轴……再就是两个月前，有一家工厂来扶贫，给村里安了一台潜水泵，考虑到用电贵，人家还给带了一台小柴油机和足够的柴油，挺好的事儿，但人家前脚走，村里后脚就把机器都卖了，连泵带柴油机，只卖了1500块钱，全村好吃了两顿，算是过了个好年……一家皮革厂来买地建厂，村里人什么都不清楚就把地卖了，那厂子建起后，硝皮子的毒水流进了河里，渗进了井里，人一喝了那些水，浑身起红疙瘩，就这也没人在乎，还沾沾自喜那地卖了个好价钱……看村里那些娶不上老婆的光棍儿，每天除了赌就是喝，但不去种地，他们能算清：穷到了头县里每年总会有些救济，那钱算下来也比在那巴掌大的山地里刨一年土坷垃挣得多……没有文化，人们都变得下作了，那里的穷山恶水固然让人灰心，但真正让人感到没指望的，是山里人那呆滞的目光。

他走累了，就在人行道边坐下来。他面前，是一家豪华的大餐馆，那餐馆靠街的一整堵墙全是透明玻璃，华丽的枝形吊灯把光芒投射到外面。整个餐馆像一个巨大的鱼缸，里面穿着华贵的客人们则像一群多彩的观赏鱼。他看到在靠街的一张桌子旁坐着一个胖男人，这人的头发和脸似乎都在冒油，使他看上去像用一大团表面涂了油的蜡做的。他两旁各坐着一个身材高挑的女郎，那男人转头对一个女郎说了句什么，把她逗得大笑起来，那男人也跟着笑起来……真没想到还有个子这么高的女孩子，秀秀的个儿，大概只到她们一半……他叹了口气，唉，又想起秀秀了。

秀秀是本村唯一一个没有嫁到山外的姑娘，也许是因为她从未出过山，怕外面的世界，也许是别的什么原因。他和秀秀好过两年多，最后那阵差点儿就成了，秀秀家里也通情达理，只要1500块的肚疼钱（注：西北一些农村地区彩礼的一个名目，意思是对娘生女儿肚子疼的补偿）。但后来，村子里一些出去打工的人赚了些钱回来，和他同岁的二蛋虽不识字但脑子活，去城里干起了挨家挨户清洗抽油烟机的活儿，一年下来竟能赚个万把块。前年回来待了一个月，秀秀不知怎的就跟这个二蛋好上了。秀秀一家全是睁眼瞎，家里粗糙的干打垒墙壁上,除了贴着一团一团用泥巴和起来的瓜种子，还画着长长短短的道道儿，那是她爹多少年来记的账……秀秀没上过学，但自小对识文断字的人有好感，这是她同他好的主要原因。但二蛋的一瓶廉价香水和一串镀金项链就把这种好感全打消了。“识文断字又不能当饭吃。”秀秀对他说。虽然他知道识文断字是能当饭吃的，但具体到他身上，吃得确实比二蛋差好远，所以他也说不出什么。秀秀看他那样儿，转身走了，只留下一股让他皱鼻子的香水味。

和二蛋成亲一年后，秀秀生娃儿死了。他还记得那个接生婆，把那些锈不拉叽的刀刀铲铲放到火上烧一烧就用，秀秀可倒霉了，流了很多血，在送镇医院的路上就咽气了。成亲办喜事儿的时候，二蛋花了三万块，那排场在村里真是风光极了，可他怎的就舍不得花点儿钱让秀秀到镇医院去生娃呢？后来他一打听，这花费一般也就两三百，就两三百呀。但村里历来都是这样儿，生娃是从不去医院的，所以没人怪二蛋，秀秀就这命。后来他听说，比起二蛋妈来，她还算幸运。二蛋妈生二蛋时难产，二蛋爹从产婆那儿得知是个男娃，就决定只要娃了。于是，二蛋妈被放到驴子背上，让那驴子一圈圈走，硬是把二蛋挤出来了，听当时看见的人说，二蛋妈也流了很多血……

想到这里他长出了一口气,笼罩着家乡的愚昧和绝望使他窒息。

但娃们还是有指望的，那些在冬夜寒冷的教室中，盯着烛光照着的黑板的娃们。他就是那蜡烛，不管能点多长时间，发出的光有多亮，他总算是从头点到尾了。

他站起身来继续走,没走多远就拐进了一家书店,城里就是好,还有夜里开门的书店。除了回程的路费,他把身上所有的钱都买了书,以充实他的乡村小学里那小小的图书室。半夜,提着那两捆沉重的书,他踏上了回家的火车。

在距地球2.6万光年的远方，在银河系的中心，一场延续了2万年的星际战争已接近尾声。

那里的太空中渐渐隐现出一个方形区域，仿佛灿烂的群星的背景被剪出一个方口。这个区域的边长约10万千米，区域的内部是一种比周围太空更黑的黑暗，让人感到一种虚空中的虚空。从这黑色的正方形中，开始浮现出一些实体，它们形状各异，都有月球大小，呈耀眼的银色。这些物体越来越多，并组成一个整齐的立方体方阵。这银色的方阵庄严地驶出黑色正方形，两者构成了一幅挂在宇宙永恒墙壁上的镶嵌画，这幅画以绝对黑色的正方形天鹅绒为衬底，由纯净的银光与耀眼的白银小构件整齐地镶嵌而成。这又仿佛是一首宇宙交响乐的固化。渐渐地，黑色的正方形消融在星空中，群星填补了它的位置，银色的方阵庄严地悬浮在群星之间。

银河系碳基联邦的星际舰队，完成了本次巡航的第一次时空跃迁。

在舰队的旗舰上，碳基联邦的最高执政官看着眼前银色的金属大地，大地上布满了错综复杂的纹路，像一块无限广阔的银色蚀刻电路板，不时有几个闪光的水滴状的小艇出现在大地上，沿着纹路以令人目眩的速度行驶几秒钟，然后无声地消失在一口突然出现的深井中。时空跃迁带过来的太空尘埃被电离，成为一团团发着暗红色光的云，笼罩在银色大地的上空。

最高执政官以冷静著称，他周围那似乎永远波澜不惊的淡蓝色智能场就是他人格的象征，但现在，像周围的人一样，他的智能场也微微泛出黄光。

“终于结束了。”最高执政官的智能场振动了一下，把这个信息传送给站在他两旁的参议员和舰队统帅。

“是啊，结束了。战争的历程太长太长，以致我们都忘记了它的开始。”参议员回答。

这时，舰队开始了亚光速巡航，它们的亚光速发动机同时启动，旗舰周围突然出现了几千个蓝色的太阳，银色的金属大地像一面无限广阔的镜子，把蓝太阳的数量又复制了一倍。

远古的记忆似乎被点燃了，其实，谁能忘记战争的开始呢？这记忆虽然遗传了几百代，但在碳基联邦的万亿公民的脑海中，它仍那么鲜活，那么铭心刻骨。

2万年前的那一时刻，硅基帝国从银河系外围对碳基联邦发动全面进攻。在长达1万光年的战线上，硅基帝国的500多万艘星际战舰同时开始恒星蛙跳。每艘战舰首先借助一颗恒星的能量打开一个时空蛀洞，然后从这个蛀洞时空跃迁至另一颗恒星，再用这颗恒星的能量打开第二个蛀洞继续跃迁……由于打开蛀洞消耗了恒星大量的能量，使得恒星的光谱暂时向红端移动，当飞船从这颗恒星完成跃迁后，它的光谱渐渐恢复原状。当几百万艘战舰同时进行恒星蛙跳时，所产生的这种效应是十分恐怖的：银河系的边缘出现了一条长达1万光年的红色光带，这条光带向银河系的中心移过来。这个景象在光速视界是看不到的，但在超空间监视器上能显示出来。那条由变色恒星组成的红带，如同一道1万光年长的血潮，向碳基联邦的疆域涌来。

碳基联邦最先接触硅基帝国攻击前锋的是绿洋星，这颗美丽的行星围绕着双星（一对恒星）运行，它的表面全部被海洋覆盖。那生机盎然的海洋中漂浮着由柔软的长藤植物构成的森林，温和美丽、身体晶莹透明的绿洋星人在这海中的绿色森林间轻盈地游动，创造了绿洋星伊甸园般的文明。突然，几万道刺目的光束从天而降，硅基帝国舰队开始用激光蒸发绿洋星的海洋。在很短的时间内，绿洋星变成了一口沸腾的大锅，这颗行星上包括50亿绿洋星人在内的所有生物在沸水中极度痛苦地死去，它们被煮熟的有机质使整个海洋变成了绿色的浓汤。最后海洋全部蒸发了，昔日美丽的绿洋星变成了一颗由厚厚蒸气包裹着的地狱般的灰色行星。

这是一场几乎波及整个银河系的星际大战，是银河系中碳基和硅基文明之间惨烈的生存竞争，但双方谁都没有料到战争会持续2万银河年！

现在，除了历史学家，谁也记不清有百万艘以上战舰参加的大战役有多少次了。规模最大的一次超级战役是第二旋臂战役，战役在银河系第二旋臂中部进行，双方投入了上千万艘星际战舰。据历史记载，在那广漠的战场上，被引爆的超新星就达2000多颗，那些超新星像第二旋臂中部黑暗太空中怒放的焰火，使那里变成超强辐射的海洋，只有一群群幽灵似的黑洞飘行于其间。战役的最后，双方的星际舰队几乎同归于尽。15000年过去了，第二旋臂战役现在听起来就像上古时代缥缈的神话，只有那仍然存在的古战场证明它确实发生过。但很少有飞船真正进入过古战场，那里是银河系中最恐怖的区域，这并不仅仅是因为辐射和黑洞。当时，双方数量多得难以想象的战舰群为了进行战术机动，进行了大量的超短距离时空跃迁，据说当时的一些星际歼击机，在空间格斗时，时空跃迁的距离竟短到令人难以置信的几千米！这样就把古战场的时空结构搞得千疮百孔，像一块内部被老鼠钻了无数长洞的大乳酪。飞船一旦误入这个区域，可能在一瞬间被畸变的空间扭成一根细长的金属绳，或压成一张面积有几亿平方千米但厚度只有几个原子的薄膜，立刻被辐射狂风撕得粉碎。但更为常见的是飞船变为建造它们时的一块块钢板，或者立刻老得只剩下一个破旧的外壳，内部的一切都变成古老的灰尘；人在这里也可能瞬间回到胚胎状态或变成一堆白骨……

但最后的决战不是神话，它就发生在一年前。在银河系第一和第二旋臂之间的荒凉太空中，硅基帝国集结了最后的力量，这支由150万艘星际战舰组成的舰队在自己周围构筑了半径1000光年的反物质云屏障。碳基联邦投入攻击的第一个战舰群刚完成时空跃迁就陷入了反物质云中。反物质云十分稀薄，但对战舰具有极大的杀伤力，碳基联邦的战舰立刻变成一个个刺目的火球，但它们仍奋勇冲向目标。每艘战舰都拖着长长的火尾，在后面留下一条发着荧光的航迹，这由30多万颗火流星组成的阵列形成了碳硅战争中最为壮观、最为惨烈的画面。在反物质云中，这些火流星渐渐缩小，最后在距硅基帝国战舰阵列很近的地方消失了，但它们用自己的牺牲为后续的攻击舰队在反物质云中打开了一条通道。在这场战役中，硅基帝国最后的舰队被赶到银河系最荒凉的区域：第一旋臂的顶端。

现在，这支碳基联邦舰队将完成碳硅战争中最后一项使命：他们将在第一旋臂的中部建立一条500光年宽的隔离带，隔离带中的大部分恒星将被摧毁，以制止硅基帝国的恒星蛙跳。恒星蛙跳是银河系中大吨位战舰进行远距离快速攻击的唯一途径，而一次蛙跳的最大距离是200光年。隔离带一旦建立，硅基帝国的重型战舰要想进入银河系中心区域，只能以亚光速跨越这500光年的距离，这样，硅基帝国实际上就被禁锢在第一旋臂顶端，再也无法对银河系中心区域的碳基文明构成任何严重威胁。

“我带来了联邦议会的意愿，”参议员用振动的智能场对最高执政官说，“他们仍然强烈建议：在摧毁隔离带中的恒星前，对它们进行生命级别的保护甄别。”

“我理解议会。”最高执政官说，“在这场漫长的战争中，各种生命流出的血足够形成上千颗行星的海洋了，战后，银河系中最迫切需要重建的是对生命的尊重。这种尊重不仅是对碳基生命的，也是对硅基生命的，正是基于这种尊重，碳基联邦才没有彻底消灭硅基文明。但硅基帝国并没有这种对生命的感情，如果说碳硅战争之前，战争和征服对于它们还仅仅是一种本能和乐趣的话，现在这种东西已根植于它们的每个基因和每行代码之中，成为它们生存的终极目的。由于硅基生物对信息的存储和处理能力大大高于我们，可以预测硅基帝国在第一旋臂顶端的恢复和发展将是神速的，所以我们必须在碳基联邦和硅基帝国之间建立足够宽的隔离带。在这种情况下，对隔离带中数以亿计的恒星进行生命级别的保护甄别是不现实的。第一旋臂虽属银河系中最荒凉的区域，但其带有生命行星的恒星数量仍可能达到蛙跳密度，这种密度足以使中型战舰进行蛙跳，而即使只有一艘硅基帝国的中型战舰闯入碳基联邦的疆域，可能造成的破坏也是巨大的。所以，在隔离带中只能进行文明级别的甄别。我们不得不牺牲隔离带中某些恒星周围的低级生命，是为了拯救银河系中更多的高级和低级生命。这一点我已向议会说明。”

参议员说：“议会也理解您和联邦防御委员会，所以我带来的只是建议，而不是立法。但隔离带中，周围已形成3C级以上文明的恒星必须被保护。”

“这一点无须置疑，”最高执政官的智能场闪现出坚定的红色，“对隔离带中带有行星的恒星的文明检测将是十分严格的！”

舰队统帅的智能场第一次发出信息：“其实我觉得你们多虑了，第一旋臂是银河系中最荒凉的荒漠，那里不会有3C级以上文明的。”

“但愿如此。”最高执政官和参议员同时发出了这个信息，他们智能场的共振使一道弧形的等离子体波纹向银色金属大地的上空扩散开去。

舰队开始了第二次时空跃迁，以近乎无限的速度奔向银河系的第一旋臂。

夜深了，烛光中，全班的娃们围在老师的病床前。

“老师歇着吧，明儿个讲也行的。”一个男娃说。

他艰难地苦笑了一下：“明儿个有明儿个的课。”

他想，如果真能拖到明天当然好，那就再讲一堂课，但直觉告诉他怕是不行了。

他做了个手势，一个娃把一块小黑板放到他胸前的被单上，这最后一个月，他就是这样把课讲下来的。他用软弱无力的手接过娃递过来的半截粉笔，吃力地把粉笔头放到黑板上，这时又是一阵剧痛袭来，手颤抖了几下，粉笔嗒嗒地在黑板上敲出了几个白点儿。从省城回来后，他再也没去过医院。两个月后，他的肝部疼了起来，他知道癌细胞已转移到那儿了，这种疼痛越来越厉害，最后变成了压倒一切的痛苦。他一只手在枕头下摸索着，找出了一些止痛片，是最常见的用塑料长条包装的那种。对于癌症晚期的剧痛，这药已经没有任何作用，可能是由于精神暗示，他吃了后总觉得好一些。杜冷丁倒是也不算贵，但医院不让带出来用，就是带回来也没人给他注射。他像往常一样从塑料条上取下两片药来，但想了想，便把剩下的12片全剥出来，一把吞了下去，他知道以后再也用不着了。他又挣扎着想向黑板上写字，但头突然偏向一边，一个娃赶紧把盆接到他嘴边，他吐出了一口黑红的血，然后虚弱地靠在枕头上喘息着。

娃们中传出了低低的抽泣声。

他放弃了在黑板上写字的努力，无力地挥了一下手，让一个娃把黑板拿走。他开始说话，声音如游丝一般。

“今天的课同前两天一样，也是初中的课。这本来不是教学大纲上要求的，我是想到，你们中的大部分人，这一辈子永远也听不到初中的课了，所以我最后讲一讲，也让你们知道稍深一些的学问是什么样子。昨天讲了鲁迅的《狂人日记》，你们肯定不大懂，不管懂不懂都要多看几遍，最好能背下来，等长大了，总会懂的。鲁迅是个很了不起的人，他的书每一个中国人都应该读读的，你们将来也一定找来读读。”

他累了，停下来喘息着歇歇，看着跳动的烛光，鲁迅写下的几段文字在他的脑海中浮现出来。那不是《狂人日记》中的，课本上没有，他是从自己那套本数不全、已经翻烂的《鲁迅全集》上读到的，许多年前读第一遍时，那些文字就深深地刻在他脑子里了：

“假如一间铁屋子，是绝无窗户而万难破毁的，里面有许多熟睡的人们，不久都要闷死了，然而是从昏睡入死灭，并不感到就死的悲哀。现在你大嚷起来，惊起了较为清醒的几个人，使这不幸的少数者来受无可挽救的临终的苦楚，你倒以为对得起他们么？”

“然而几个人既然起来，你不能说决没有毁坏这铁屋的希望。”

他用尽最后的力气，接着讲下去。

“今天我们讲初中物理。物理你们以前可能没有听说过，它讲的是物质世界的道理，是一门很深很深的学问。

“这课讲牛顿三定律。牛顿是从前英国的一个大科学家，他说了三句话，这三句话很神的，它们把人间天上所有的东西的规律都包括进去了，上到太阳月亮，下到流水刮风，都跑不出这三句话划定的圈圈。用这三句话，可以算出什么时候日食，就是村里老人说的天狗吃太阳，一分一秒都不差的；人飞上月球，也要靠这三句话。这就是牛顿三定律。

“下面讲第一定律：当一个物体没有受到外力作用时，它将保持静止或匀速直线运动不变。”

娃们在烛光中默默地看着他，没有反应。

“就是说，你猛推一下谷场上那个石碾子，它就一直滚下去，滚到天边也不停下来。宝柱，你笑什么？是啊，它当然不会那样，这是因为有摩擦力，摩擦力让它停下来，这世界上，没有摩擦力的环境可是没有的……”

是啊，他人生的摩擦力就太大了。在村里他是外姓人，本来就没什么分量，加上他这个倔脾气，这些年来把全村人都得罪了。他挨家挨户拉人家的娃入学，跑到县里，把跟着爹做买卖的娃拉回来上学，拍着胸脯保证垫学费……这一切并没有赢得多少感激。关键在于，他对过日子的看法同周围人太不一样，成天想的、说的，都是些不着边际的事，这是最让人讨厌的。在他查出病来之前，他曾跑到县里，居然从教育局跑回一笔维修学校的款子。村子里只拿出了一小部分，想过节请个戏班子唱两天戏，结果让他搅了，他愣从县里拉了个副县长来，让村里把钱拿回来，可当时戏台子都搭好了。学校倒是修了，但他扫了全村人的兴，以后的日子更难过：先是村里的电工——村主任的侄子，把学校的电掐了，接着做饭取暖用的秸秆村里也不给了，害得他扔下自个儿的地不种，一人上山打柴，更别提后来拆校舍的房椽子那事了……这些摩擦力无所不在，让他心力交瘁，让他无法做匀速直线运动，他不得不停下来了。

也许，他就要去的那个世界是没有摩擦力的，那里的一切都是光滑可爱的，但那有什么意义？在那边，他的心仍留在这个充满灰尘和摩擦力的世界上，留在这所他倾注了全部生命的乡村小学里。他不在了以后，剩下的两个教师也会离去，这所他用力推了一辈子的小学校就会像谷场上那个石碾子一样停下来。他陷入深深的悲哀，但无论在这个世界或是那个世界，他都无力回天。

“牛顿第二定律比较难懂，我们最后讲，下面先讲牛顿第三定律：当一个物体对第二个物体施加一个力，这第二个物体也会对第一个物体施加一个力，这两个力大小相等，方向相反。”

娃们又陷入了长时间的沉默。

“听懂了没？谁说说？”

班上学习最好的赵拉宝说：“我知道是啥意思，可总觉得说不通：晌午我和李权贵打架，他把我的脸打得那么痛，肿起来了，所以作用力应该不相等才对，我受的肯定比他大嘛！”

喘息了好一会儿，他才解释说：“你痛是因为你的腮帮子比权贵的拳头软，它们相互的作用力还是相等的……”

他想用手比画一下，但手已抬不起来了，他感到四肢像铁块一样沉，这沉重感很快扩展到全身，他感到自己的躯体像要压塌床板，陷入地下似的。

时间不多了。

“目标编号：1033715，绝对目视星等：3.5，演化阶段：主星序偏上，发现两颗行星，平均轨道半径分别为1.3和4.7个距离单位，在一号行星上发现生命。这是红69012舰报告。”

碳基联邦星际舰队的10万艘战舰目前已散布在一条长1万光年的带状区域中，这就是正在建立的隔离带。工程刚刚开始，只是试验性地摧毁了5000颗恒星，其中带有行星的只有137颗，而行星上有生命的这是第一颗。

“第一旋臂真是个荒凉的地方啊。”最高执政官感叹道。他的智能场振动了一下,用全息图隐去了脚下的旗舰和上方的星空,使他、舰队统帅和参议员悬浮于无际的黑色虚空中。接着，他调出了探测器发回的图像：虚空中出现了一个发着蓝光的火球。最高执政官的智能场产生了一个白色的方框，那方框调整大小，圈住了这颗恒星并把它的图像隐去了。他们于是又陷入无边的黑暗之中，但这黑暗中有一个小小的黄色光点，图像的焦距开始大幅度调整，行星的图像以令人目眩的速度推向前来，很快占满了半个虚空，三个人都沉浸在它反射的橙黄色光芒中。

这是一颗被浓密大气包裹着的行星，在它那橙黄色的气体海洋上，汹涌的大气运动描绘出了极端复杂的不断变幻的线条。行星图像继续移向前来，直到占据了整个宇宙，三个人被橙黄色的气体海洋吞没了。探测器带着他们在这浓雾中穿行，很快雾气稀薄了一些，他们看到了这颗行星上的生命。

那是一群在浓密大气上层飘浮的气球状生物，表面有着美丽的花纹，那花纹不停在变幻着色彩和形状，时而呈条纹状，时而呈斑点状，不知这是不是一种可视语言。每个气球状生物都有一条长尾，那长尾的尾端不时炫目地闪烁一下，光沿着长尾传到气球上，化为一片弥漫的荧光。

“开始四维扫描！”红 69012 舰上的一名上尉值勤军官说。

一束极细的波束开始从上至下飞快地扫描那群气球状生物。这束波只有几个原子粗细，但它的波管内的空间维度比外部宇宙多一维。扫描数据传回舰上，在主计算机的内存中，那群气球状生物被切成了几亿亿个薄片，每个薄片的厚度只有一个原子的尺度，在这个薄片上，每个夸克的状态都被精确地记录了下来。

“开始数据镜像组合！”

主计算机的内存中，那几亿亿个薄片按原有顺序叠加起来，很快，组合成一群虚拟气球，在计算机内部广漠的数字宇宙中，这颗行星上的那群生物体有了精确的复制品。

“开始 3C 文明测试！”

在数字宇宙中，计算机敏锐地定位了气球状生物的思维器官，它是悬在气球内部错综复杂的神经丛中间的一个椭圆体。计算机在瞬间分析了这个大脑的结构，并越过所有低级感官，直接同它建立了高速信息接口。

文明测试是从一个庞大的数据库中任意地选取试题，测试对象如果能答对其中三道，则测试通过；如果头三道题没有答对，测试者有两种选择：可以认为测试没有通过，或者继续测试，题数不限，直到被测试者答对的题数达到三道，这时可认为其通过测试。

“3C 文明测试试题 1 号：请叙述你们已探知的组成物质的最小

单元。”

“嘀嘀，嘟嘟嘟，嘀嘀嘀嘀。”气球状生物回答。

“1 号试题测试未通过。3C 文明测试试题 2 号：你们观察到物体中热能的流向有什么特点？这种流向是否可逆？”

“嘟嘟嘟，嘀嘀，嘀嘀嘟嘟。”气球状生物回答。

“2 号试题测试未通过。3C 文明测试试题 3 号：圆的周长和它的直径之比是多少？”

“嘀嘀嘀嘀嘟嘟嘟嘟嘟。”气球状生物回答。

“3 号试题测试未通过。3C 文明测试试题 4 号……”

“到此为止吧，”当测试题数达到 10 道时，最高执政官说，“我们的时间不多了。”他转身对旁边的舰队统帅示意了一下。

“发射奇点炸弹！”舰队统帅命令。

奇点炸弹实际上是没有大小的，它是一个严格意义上的几何点，一个原子同它相比都是无穷大，虽然最大的奇点炸弹质量有上百亿吨，最小的也有几千万吨。但当一颗奇点炸弹沿着长长的导轨从红 69012 舰的武器舱中滑出时，却可以看到一个直径达几百米的发着幽幽荧光的球体，这荧光是周围的太空尘埃被吸入这个微型黑洞时产生的辐射。同那些恒星引力坍缩形成的黑洞不同，这些小黑洞在宇宙创世之初就形成了，它们是大爆炸前的奇点宇宙的微缩模型。碳基联邦和硅基帝国都有庞大的船队，它们游弋在银河系银道面外的黑暗荒漠中搜集这些微型黑洞，一些海洋行星上的种群把它们戏称为“远洋捕鱼船队”，而这些船队带回的东西，是银河系中最具威慑力的武器之一，是迄今为止唯一能够摧毁恒星的武器。

奇点炸弹脱离导轨后，沿一条由母舰发出的力场束加速，直奔目标恒星。过了不长的一段时间，这颗灰尘似的黑洞高速射入了恒星表面火的海洋。想象在太平洋的中部突然出现一个半径100千米的深井，就可以大概把握这时的情形。巨量的恒星物质开始被吸入黑洞，那汹涌的物质洪流从所有方向汇聚到一点并消失在那里，物质被吸入时产生的辐射在恒星表面产生一团刺目的光球，仿佛给恒星戴上了一枚光彩夺目的钻石戒指。随着黑洞向恒星内部沉下去，光团暗淡下来，可以看到它处于一个直径达几百万千米的大旋涡正中，那巨大的旋涡散射着光团的强光，缓缓转动着，呈现出飞速变幻的色彩，使恒星从这个方向看去仿佛是一张狰狞的巨脸。很快，光团消失了，旋涡渐渐消失，恒星表面似乎又恢复了它原来的色彩和光度。但这只是毁灭前最后的平静，随着黑洞向恒星中心下沉，这个贪婪的饕餮更疯狂地吞食周围密度急剧增高的物质，它在一秒钟内吸入的恒星物质总量可能有上百个中等行星。黑洞巨量吸入时产生的超强辐射向恒星表面蔓延，由于恒星物质的阻滞，只有一小部分到达了表面，但其余的辐射把它们的能量留在了恒星内部，这能量快速破坏着恒星的每一个细胞，从整体上把它飞快地拉离平衡态。从外部看，恒星的色彩在缓缓变化，由浅红色变为明黄色，从明黄色变为鲜艳的绿色，从绿色变为如洗的碧蓝色，从碧蓝色变为恐怖的紫色。这时，在恒星中心的黑洞产生的辐射能已远远大于恒星本身辐射的能量，随着更多的能量以非可见光形式溢出恒星，紫色渐渐加深，这颗恒星看上去像太空中一个在忍受着超强痛苦的灵魂，这痛苦在急剧增强，紫色已深到了极限，这颗恒星用不到一个小时的时间就走完了它未来几十亿年的旅程。

一团似乎吞没整个宇宙的强光闪起，然后慢慢消失，在原来恒星所在的位置上，可以看到一个急剧膨胀的薄球层，像一个被吹大的气球，这是被炸飞的恒星表面。随着薄球层体积的增大，它变得透明了，可以看到它内部的第二个膨胀的薄球层，然后又可以看到更深处的第三个薄球层……这颗爆炸中的恒星，就像宇宙中突然显现的一个套一个的一组玲珑剔透的镂花玻璃球，其中最深处的一个薄球层的体积也是恒星原来体积的几十万倍。当爆炸的恒星的第一层膨胀外壳穿过那颗橙黄色行星时，行星立刻被汽化了。其实在这整个爆炸的壮丽场景中根本就看不到它，同那膨胀的恒星外壳相比，它只是一粒微不足道的灰尘，其大小甚至不能成为那几层镂花玻璃球上的一个小点。

“你们感到消沉？”舰队统帅问。他看到最高执政官和参议员的智能场暗下来了。

“又一个生命世界毁灭了，像烈日下的露珠。”

“那您就想想伟大的第二旋臂战役，当2000多颗超新星被引爆时，有12万个这样的世界同碳硅双方的舰队一起化为蒸气。阁下，时至今日，我们应该超越这种无谓的多愁善感了。”

参议员没有理会舰队统帅的话，而是对最高执政官说：“这种对行星表面取随机点的检测方式是不可靠的，可能漏掉行星表面的文明特征，我们应该进行面积检测。”

最高执政官说：“这一点我也同议会讨论过，在隔离带中我们要摧毁的恒星有上亿颗，这其中估计有1000万个行星系，行星数量可能达5000万颗，我们时间紧迫，对每颗行星都进行面积检测是不现实的。我们只能尽量加宽检测波束，以增大随机点覆盖的面积，除此之外，只能祈祷隔离带中那些可能存在的文明在其星球表面的分布尽量均匀了。”

“下面我们讲牛顿第二定律……”

他心急如焚，极力想在有限的时间里给娃们多讲一些。

“一个物体的加速度，与它所受的力成正比，与它的质量成反比。首先，加速度，这是速度随时间的变化率，它与速度是不同的，速度大，加速度不一定大，加速度大，速度也不一定大，比如，一个物体现在的速度是110米每秒，2秒后的速度是120米每秒，那么它的加速度就是120减110除以2，5米每秒，呵，不对，5米每秒的平方；另一个物体现在的速度是10米每秒，2秒后的速度是30米每秒，那么它的加速度就是30减10除以2，10米每秒的平方。看，后面这个物体虽然速度小，但加速度大！呵，刚才说到平方，平方就是一个数自个儿乘以自个儿……”

他惊奇自己的头脑如此清晰，思维如此敏捷，他知道，自己生命的蜡烛已燃到根上，棉芯倒下了，把最后的一小块蜡全部引燃了，一团比以前的烛苗亮十倍的火焰熊熊燃烧起来。剧痛消失了，身体也不再沉重，其实他已感觉不到身体的存在，他的全部生命似乎只剩下那个在疯狂运行的大脑，那个悬在空中的大脑竭尽全力，尽量多、尽量快地把自己存储的信息输出给周围的娃们，但说话是个该死的瓶颈，他知道来不及了。他产生了一个幻象：一把水晶样的斧子把自己的大脑无声地劈开，他一生中积累的那些知识——虽不是很多，但他很看重的——像一把发光的小珠子毫无保留地落在地上，发出一阵悦耳的叮当声，娃们像见到过年的糖果一样抢那些小珠子，抢得摞成一堆……这幻象让他有一种幸福的感觉。

“你们听懂了没？”他焦急地问，他的眼睛已经看不到周围的娃们，但还能听到他们的声音。

“我们懂了！老师快歇着吧！”

他感觉到那团最后的火焰在弱下去：“我知道你们不懂，但你们把它背下来，以后慢慢会懂的。一个物体的加速度，与它所受的力成正比，与它的质量成反比。”

“老师，我们真懂了，求求你快歇着吧！”

他用尽最后的力气喊道：“背呀！”

娃们抽泣着背了起来：“一个物体的加速度，与它所受的力成正比，与它的质量成反比。一个物体的加速度，与它所受的力成正比，与它的质量成反比……”

这几百年前就在欧洲化为尘土的卓越头脑产生的思想，以浓重西北方言的童音在20世纪中国偏僻的山村中回荡，就在这声音中，那烛苗灭了。

娃们围着老师已没有生命的躯体大哭起来。

“目标编号：500921473，绝对目视星等：4.71，演化阶段：主星序正中，带有九颗行星。这是蓝84210号舰报告。”

“一个精致完美的行星系。”舰队统帅赞叹。

最高执政官很有同感：“是的，它的固态小体积行星和气液态大体积行星的配置很有韵律感，小行星带的位置恰到好处，像一条美妙的装饰链。还有最外侧那颗小小的甲烷冰矮行星，似乎是这首音乐最后一个余音未尽的音符，暗示着某种新周期的开始。”

“这是蓝84210号舰，将对最内侧1号行星进行生命检测，检测波束发射。该行星没有大气，自转缓慢，温差悬殊。1号随机点检测，白色结果；2号随机点检测，白色结果……10号随机点检测，白色结果。蓝84210号舰报告，该行星没有生命。”

舰队统帅不以为意地说：“这颗行星的表面温度可以当冶炼炉了，没必要浪费时间。”

“开始2号行星生命检测，波束发射。该行星有稠密大气，表面温度较高且均匀，大部为酸性云层覆盖。1号随机点检测，白色结果；2号随机点检测，白色结果……10号随机点检测，白色结果。蓝84210号舰报告，该行星没有生命。”

通过四维通信，最高执政官对1000光年之外的蓝84210号舰上的值勤军官说：“直觉告诉我，3号行星有生命的可能性很大，在它上面检测30个随机点。”

“阁下，我们时间很紧了。”舰队统帅说。

“照我说的做。”最高执政官坚定地说。

“是，阁下。开始3号行星生命检测，波束发射。该行星有中等密度的大气，表面大部分为海洋覆盖……”

来自太空的生命检测波束落到了亚洲大陆靠南一些的一点上，波束在地面上形成了一个直径约5000米的圆形。如果是在白天，用肉眼有可能觉察到波束的存在，因为当波束到达时，在它的覆盖范围内，一切无生命的物体都将变成透明状态。现在它覆盖的中国西北的这片山区，那些黄土山在观察者的眼里将如同水晶的山脉，阳光在这些山脉中折射，将是一幅十分奇异壮观的景象，观察者还会看到脚下的大地也变成深不可测的深渊；而被波束判断为有生命的物体则保持原状态不变，人、树木和草在这水晶世界中显得格外清晰醒目。但这效应只持续了半秒钟，这期间检测波束完成初始化，之后一切恢复原状。观察者肯定会认为自己产生了一瞬间的幻觉。而现在，这里正是深夜，自然难以觉察到什么了。

这所乡村小学，正好位于检测波束圆形覆盖区的圆心上。

“1号随机点检测，结果……绿色结果，绿色结果！蓝84210号舰报告，目标编号：500921473，第3号行星发现生命！”

检测波束对覆盖范围内的众多种类生命体进行分类，在以生命结构的复杂度和初步估计的智能等级进行排序的数据库中，在一个方形掩蔽物下的那一簇生命体排在首位。于是，波束迅速收缩，汇聚到那座掩蔽物上。

最高执政官的智能场接收到从蓝84210号舰上发回的图像，并把它放大到整个太空背景上，那所乡村小学的影像在瞬间占据了整个宇宙。图像处理系统已经隐去了掩蔽物，但那簇生命体的图像仍不清晰，这些生命体的外形太不醒目了，几乎同周围行星表面的以硅元素为主的黄色土壤融为一体。计算机只好把图像中所有的无生命部分,包括这些生命体中间的那具体形较大的已没有生命的躯体，全部隐去，这样那一簇生命体就仿佛悬浮在虚空之中。即使如此，他们看上去仍是那么平淡和缺乏色彩，像一簇黄色的植物，一看就知是那种在他们身上不会发生任何奇迹的生物。

一束纤细的四维波束从蓝84210号舰发射，这艘有一个月球大小的星际战舰正停泊在木星轨道之外，使太阳系暂时多了一颗行星。那束四维波束在三维太空中以接近无限的速度到达地球，穿过那所乡村小学校舍的屋顶，以基本粒子的精度对这18个孩子进行扫描。数据的洪流以人类难以想象的速率传回太空，很快，在蓝84210号舰主计算机那比宇宙更广阔的内存中，孩子们的数字复制体形成了。

18个孩子悬浮在一个无际的空间里，那空间呈一种无法形容的色彩，实际上那不是色彩，虚无是没有色彩的，虚无是透明中的透明。孩子们都不由得想拉住旁边的伙伴，他们看上去很正常，但手从他们身体里毫无阻力地穿过去了。孩子们感到了难以形容的恐惧。

计算机觉察到了这一点，它认为这些生命体需要一些熟悉的东西，于是在自己的内存宇宙的这一部分模拟这颗行星天空的颜色。孩子们立刻看到了蓝天，没有太阳，没有云，更没有浮尘，只有蓝色，那么纯净，那么深邃。孩子们的脚下没有大地，也是与头顶一样的蓝天，他们似乎置身于一个无限的蓝色宇宙中，而他们是这宇宙中唯一的实体。计算机感觉到，这些数字生命体仍然处于惊恐中，它用亿分之一秒想了想，终于明白了：银河系中大多数生命体并不惧怕悬浮于虚空之中，但这些生命体不同，他们是大地上的生物。于是它给了孩子们一个大地，并给了他们重力感。孩子们惊奇地看着脚下突然出现的大地，它是纯白色的，上面有黑线画出的整齐方格，他们仿佛站在一本无限广阔的语文作业本上。他们中有人蹲下来摸摸地面，这是他们见过的最光滑的东西，他们迈开双脚走，但原地不动，这地面是绝对光滑的，摩擦力为零，他们很惊奇自己为什么不会滑倒。这时，有个孩子脱下自己的一只鞋子，沿着地面扔出去，那鞋子以匀速直线运行向前滑去，孩子们呆呆地看着它以恒定的速度渐渐远去。

他们看到了牛顿第一定律。

有一个声音，空灵而悠扬，在这数字宇宙中回荡。

“开始3C文明测试，3C文明测试试题1号：请叙述你所在星球生物进化的基本原理，是自然淘汰型还是基因突变型？”

孩子们茫然地沉默着。

“3C文明测试试题2号：请简要说明恒星能量的来源。”

孩子们茫然地沉默着。

……

“3C 文明测试试题 10 号：请说明构成你们星球上海洋的液体的分子构成。”

孩子们仍然茫然地沉默着。

那只鞋在遥远的地平线处变成一个小黑点消失了。

“到此为止吧！”在 1000 光年之外，舰队统帅对最高执政官说，“不能再耽误时间了，否则我们肯定不能按时完成第一阶段的任务。”

最高执政官的智能场发出了微弱的表示同意的振动。

“发射奇点炸弹！”

载有命令信息的波束越过四维空间，瞬间到达了停泊在太阳系中的蓝 84210 号舰。那个发着幽幽荧光的雾球滑出了战舰前方长长的导轨，沿着看不见的力场束急剧加速，向太阳扑去。

最高执政官、参议员和舰队统帅把注意力转向了隔离带的其他区域，那里，又发现了几个有生命的行星系，但其中最高级的生命是一种生活在泥浆中的无脑蠕虫。接连爆炸的恒星像宇宙中怒放的焰火，使他们想起了史诗般的第二旋臂战役。

不知过了多长时间，最高执政官智能场的一小部分下意识地游移到太阳系，他听到了蓝 84210 号舰舰长的声音：

“准备脱离爆炸威力圈，时空跃迁准备，30 秒倒计时！”

“等一下，奇点炸弹到达目标还需多长时间？”最高执政官问，舰队统帅和参议员的注意力也被吸引过来。

“它正越过内侧1号行星的轨道，大约还有10分钟。”

“用5分钟时间，再进行一些测试吧。”

“是，阁下。”

接着听到了蓝84210号舰值勤军官的声音：“3C文明测试试题11号：一个三维平面上的直角三角形，它的三条边的关系是什么？”

沉默。

“3C文明测试试题12号：你们的星球是你们行星系的第几颗行星？”

沉默。

“这没有意义，阁下。”舰队统帅说。

“3C文明测试试题13号：当一个物体没有受到外力作用时，它的运行状态如何？”

数字宇宙广漠的蓝色空间中突然响起了孩子们清脆的声音：“当一个物体没有受到外力作用时，它将保持静止或匀速直线运动不变。”

“3C文明测试试题13号通过！3C文明测试试题14号……”

“等等！”参议员打断了值勤军官，“下一道试题也出关于低速力学基本定律的。”他又问最高执政官，“这不违反测试准则吧？”

“当然不，只要是测试数据库中的试题。”舰队统帅代为回答，这些令他大感意外的生命体把他的注意力全部吸引过来了。

“3C文明测试试题14号：请叙述相互作用的两个物体间力的关系。”

孩子们说：“当一个物体对第二个物体施加一个力，这第二个物体也会对第一个物体施加一个力，这两个力大小相等、方向相反！”

“3C文明测试试题14号通过！3C文明测试试题15号：对一个物体，请说明它的质量、所受外力和加速度之间的关系。”

孩子们齐声说：“一个物体的加速度，与它所受的力成正比，与它的质量成反比！”

“3C文明测试试题15号通过，文明测试通过！确定目标恒星500921473的3号行星上存在3C级文明。”

“奇点炸弹转向！脱离目标！”最高执政官的智能场急剧闪动着，用最大的能量通过超空间把命令传送到蓝84210号舰上。

在太阳系，推送奇点炸弹的力场束弯曲了，这根长几亿千米的力场束此时像一根弓起的长杆，努力把奇点炸弹挑离射向太阳的轨道。蓝84210号舰上的力场发动机以最大功率工作，巨大的散热片由暗红色变为耀眼的白炽色。力场束向外的推力分量开始显示出效果，奇点炸弹的轨道开始弯曲，但它已越过水星轨道，距太阳太近了，谁也不知道这努力是否能成功。通过超空间直播，全银河系都在盯着那个模糊的雾团的轨迹，并看到它的亮度急剧增大，这是一个可怕的迹象，说明炸弹已能感受到太阳外围空间粒子密度的增大。舰长的手已放到了那个红色的时空跃迁启动按钮上，以便在奇点炸弹击中太阳前的一刹那脱离这个空间。但奇点炸弹最终像一颗子弹一样擦过太阳的边缘，当它以仅几万米的高度掠过太阳表面上空时，由于黑洞吸入太阳大气中大量的物质，亮度增到最大，使得太阳边缘出现了一个刺眼的蓝白色光球，光球与太阳在这一刻看上去像一个紧密的双星系统，这奇观对人类将一直是个难解的谜。蓝白色光球飞速掠过时，下面太阳浩瀚的火海黯然失色。像一艘快艇掠过平静的水面，黑洞的引力在太阳表面划出了一道“V”形的划痕，这划痕扩展到太阳的整个半球才消失。

奇点炸弹撞断了一条日珥，这条从太阳表面升起的百万千米长的美丽轻纱在高速冲击下，碎成一群欢快舞蹈着的小小的等离子体旋涡……奇点炸弹掠过太阳后，亮度很快暗下来，最后消失在茫茫太空的永恒之夜中。

“我们险些毁灭了一个碳基文明。”参议员长出一口气说。

“真是不可思议，在这么荒凉的地方竟会存在3C级文明！”舰队统帅感叹说。

“是啊，无论是碳基联邦，还是硅基帝国，其文明扩展和培植计划都不包括这一区域，如果这是一个自己进化的文明，那可是一件很不寻常的事。”最高执政官说。

“蓝84210号舰，你们继续留在那个行星系，对3号行星进行全表面文明检测，你舰后面的任务将由其他舰只接替。”舰队司令命令道。

同他们在木星轨道之外的数字复制品不一样，乡村小学中的那些娃丝毫没有觉察到什么，在那间校舍里的烛光下，他们只是围着老师的遗体哭啊哭。不知哭了多长时间，娃们最后安静下来。

“咱们去村里告诉大人吧。”郭翠花抽泣着说。

“那又咋的？”刘宝柱低着头说，“老师活着时村里的人都腻歪他，这会儿肯定连棺材钱都没人给他出呢！”

最后，娃们决定自己掩埋自己的老师。他们拿了锄头、铁锹，在学校旁边的山地上开始挖墓坑，灿烂的群星在整个宇宙中静静地看着他们。

“天啊！这颗行星上的文明不是3C级，是5B级！”看着蓝84210号舰从1000光年之外发回的检测报告，参议员惊呼起来。

人类城市的摩天大楼群的影像在旗舰上方的太空中显现。

“他们已经开始使用核能，并用化学推进方式进入太空，甚至已登上了他们所在行星的卫星。”

“他们的基本特征是什么？”舰队统帅问。

“您想知道哪些方面？”蓝84210号舰上的值勤军官问。

“比如，这颗行星上的生命体记忆遗传的等级是多少？”

“他们没有记忆遗传，所有记忆都是后天取得的。”

“那么，他们的个体相互之间的信息交流方式是什么？”

“极其原始，也十分罕见。他们身体内有一种很薄的器官，这种器官在这颗行星以氧氮为主的大气中振动时可产生声波，同时把要传输的信息调制到声波之中，接收方也用一种薄膜器官从声波中接收信息。”

“这种方式信息传输的速率是多大？”

“每秒1至10比特。”

“什么？”旗舰上听到这话的所有人都大笑起来。

“真的是每秒1至10比特，我们开始也不相信，但反复核实过。”

“上尉，你是个白痴吗？”舰队统帅大怒，“你是想告诉我们，一种没有记忆遗传，相互间用声波进行信息交流，并且是以令人难以置信的每秒1至10比特的速率进行交流的物种，能创造出5B级文明？而且这种文明是在没有任何外部高级文明培植的情况下自行进化的？”

“但，阁下，确实如此。”

“但在这种状态下，这个物种根本不可能在每代之间积累和传递知识，而这是文明进化所必需的！”

“他们中有一类个体，有一定数量，分布于这个种群的各个角落，这类个体充当两代生命体之间知识传递的媒介。”

“听起来像神话。”

“不，”参议员说，“在银河文明的太古时代，确实有过这个概念，但即使在那时也极其罕见，除了我们这些星系文明进化史的专业研究者，很少有人知道。”

“你是说那种在两代生命体之间传递知识的个体？”

“他们叫教师。”

“教——师？”

“一个早已消失的太古文明词汇，很生僻，在一般的古词汇数据库中都查不到。”

这时，从太阳系发回的全息影像焦距拉长，显示出蔚蓝色的地球在太空中缓缓转动。

最高执政官说："在银河系联邦时代，独立进化的文明十分罕见，能进化到5B级的更是绝无仅有，我们应该让这个文明继续不受干扰地进化下去，对它的观察和研究，不仅有助于我们对太古文明的研究，对今天的银河文明也有启示。"

"那就让蓝84210号舰立刻离开那个行星系吧，并把这颗恒星周围100光年的范围列为禁航区。"舰队统帅说。

北半球失眠的人，会看到星空突然微微抖动，那抖动从空中的一点发出，呈圆形向整个星空扩展，仿佛星空是一汪静水，有人用手指在水中央点了一下似的。

蓝84210号舰跃迁时产生的时空激波到达地球时已大大衰减，只使地球上所有的时钟都快了3秒，但在三维空间中的人类是不可能觉察到这一效应的。

"很遗憾，"最高执政官说，"如果没有高级文明的培植，他们还要在亚光速和三维时空中被禁锢2000年，至少还需1000年时间才能掌握和使用湮灭能量，2000年后才能通过多维时空进行通信，至于通过超空间跃迁进行宇宙航行，可能是5000年后的事了，至少要1万年，他们才具备加入银河系碳基文明大家庭的起码条件。"

参议员说："文明的这种孤独进化，是银河系太古时代才有的事。如果那古老的记载正确，我那太古的祖先生活在一颗海洋行星的深海中。在那黑暗世界中的无数个王朝后，一个庞大的探险计划开始了，他们发射了第一艘外空飞船，那是一个透明浮力小球，经过漫长的路程浮上海面。当时正是深夜，小球中的祖先第一次看到了星空……你们能够想象，那对他们是怎样的壮丽和神秘啊！”

最高执政官说：“那是一个让人向往的时代，一粒灰尘样的行星对祖先都是一个无限广阔的世界，在那绿色的海洋和紫色的草原上，祖先敬畏地面对群星……这感觉我们已丢失千万年了。”

“可我现在又找回了感觉！”参议员指着地球的影像说。她那蓝色的晶莹球体上浮动着雪白的云纹，他觉得她真像一种来自他的祖先星球海洋中的美丽的珍珠。“看这个小小的世界，她上面的生命体在过着自己的生活，做着自己的梦，对我们的存在，对银河系中的战争和毁灭，全然不知。宇宙对他们来说，是希望和梦想的无限源泉，这真像一首来自太古时代的歌谣。”

他真的吟唱了起来，他们三人的智能场合为一体，荡漾着玫瑰色的波纹。那从遥远得无法想象的太古时代传下来的歌谣听起来悠远、神秘、苍凉，通过超空间，它传遍了整个银河系，在这团由上千亿颗恒星组成的星云中，数不清的生命感到了一种久已消失的温馨和宁静。

“宇宙的最不可理解之处在于它是可以理解的。”最高执政官说。

“宇宙的最可理解之处在于它是不可理解的。”参议员说。

当娃们造好那座新坟时，东方已经放亮了。老师是放在从教室拆下来的一块门板上下葬的，陪他入土的是两盒粉笔和一套已翻破的小学课本。娃们在那个小小的坟头上立了一块石板，上面用粉笔写着“李老师之墓”。

只要一场雨，石板上那稚拙的字迹就会消失；用不了多长时间，这座坟和长眠在里面的人就会被外面的世界忘得干干净净。

太阳从山后露出一角，把一抹金晖投进仍沉睡着的山村；在仍处于阴影中的山谷草地上，露珠在闪着晶莹的光，可听到一两声怯生生的鸟鸣。

娃们沿着小路向村里走去，那一群小小的身影很快消失在山谷中淡蓝色的晨雾里。

他们将活下去，以在这块古老贫瘠的土地上，收获虽然微薄但确实存在的希望。

时间移民

前不见古人，
后不见来者。
念天地之悠悠，
独怆然而涕下！

——题记（唐·陈子昂《登幽州台歌》）

移　民

告全民书

迫于已无法承受的环境和人口的压力，政府决定进行时间移民，首批移民人数为8000万，移民时间跨度为120年。

要走的只剩下大使一个人了，他脚下的大地是空的，那是一个巨大的冷库，里面冷冻着40万人。这里和这个世界的其他地方，共有200个这样的冷库，其实它们更像——大使打了一个寒战，坟墓。

桦不想同他一起走，她完全符合移民条件，并拿到了让人羡慕的移民卡。但与那些向往未来新生活的人不同，她认为现世和现实是最值得留恋的。她留下了，让大使一个人走向120年之后的未来。

一小时之后，大使走了，接近绝对零度的液氦淹没了他，凝固了他的生命。他率领着这个时代的8000万人，沿着时间踏上了逃荒之路。

跋 涉

不知不觉，时光流逝，太阳如流星般划过长空。出生、爱情、死亡，狂喜、悲伤、失落，追求、奋斗、失败，一切的一切，如迎面而来的列车，在外部世界中呼啸着掠过……

10年……20年……40年……60年……80年……100年……120年。

第一站：黑色时代

在绝对零度下的超睡中，意识随机体完全凝固，完全感觉不到时间的存在，以至于大使醒来时，以为是低温系统出现了故障，出发后不久临时解冻的。但对面原子钟巨大的等离子显示屏告诉他，

120年过去了，一个半人生过去了，他们已是时代的流放者。

100人的先遣队在一星期前醒来，并与这个时代联系。队长这时站在大使旁边，大使的体力还没有恢复到能说话的程度。在他探询的目光下，先遣队队长摇摇头，苦笑了一下。

国家元首在冷冻室大厅里迎接他们。他看上去是一个饱经风霜的人，同他一起来的人也一样。在120年之后，这很奇怪。大使把自己时代政府的信交给他，并转达自己时代的人民对未来的问候。元首没说太多的话，只是紧紧握住大使的手。元首的手同他的脸一样粗糙，使大使感到一切的变化并不像自己想象的那么大，这让大使有一种温暖的感觉。

但这种感觉在他走出冷冻室后立刻消失了。外面是黑色的：黑色的大地、黑色的树林、黑色的河流、黑色的流云。他们乘坐的悬浮车扬起了黑色的尘土。路上相向行驶的坦克纵队像一排移动的黑块，空中低低掠过的直升机像一群黑色的幽灵。特别可怕的是，现在的直升机让人听不到一点儿声音。一切像被天火遍烧了一样。他们驶过了一个大坑，那坑太大了，像大使时代的露天煤矿。

“弹坑。”元首说。

“……弹坑？”大使没说出那个骇人的数字。

“是的，这颗当量大约15000吨级。”元首淡淡地说，苦难对他来说已是淡淡的了。

在两个时代的会面中，空气凝固了。

“战争是什么时候开始的？”

“这次是两年前。”

“这次？”

“你们走后还有过几次。”

元首避开了这个话题。他不像是120年后的晚辈，倒像大使时代的长辈，这样的长辈会出现在那个时代的工地和农场里，他们用宽阔的胸怀包容一切苦难。“我们将接收所有的移民，并且保证他们在和平环境中生活。”

“这可能吗，在现在这种情况下？”大使的一个随员问道，他本人则沉默着。

“这届政府和全体人民将不惜一切代价做到这点，这是责任。”元首说，“当然，移民还要努力适应这个时代，这有些困难，120年来变化很大。”

“有什么变化？”大使说，“一样的没有理智，一样的战争，一样的屠杀……”

“您只看到了表面。”一位穿迷彩服的将军说，“以战争为例，现在两个国家这样交战：首先双方公布自己各类战术和战略武器的数量及型号，然后根据双方各种武器的对毁率，计算机可以给出战争的结果。武器是纯威慑性质的，从来不会动用。战争就是计算机中数学模型的演算，以演算的结果决定战争的胜负。”

“如何知道对毁率呢？”

“有一个国际武器试验组织，他们就像你们时代的……国际贸易组织。”

“战争已经像经济一样正规和有序了。”

“战争就是经济。”

大使看了一眼车窗外的黑色世界：“但现在，世界好像不仅仅在演算。”

元首用深沉的目光看着大使：“算过了，但我们不相信结果真能决定胜败。”

“所以我们发起了你们那样的战争，流血的战争，‘真’的战争。”将军说。

“我们现在去首都，研究一下移民解冻的问题。”元首再次避开了这个话题。

“返回。”大使说。

“什么？”

“返回。你们已无力承受更多的负担了，这个时代不适合移民，我们再向前走一段吧。”

悬浮车返回了一号冷冻室。告别前，元首递给了大使一本精装的书。“这120年的编年史。”他说。

这时，一名政府官员带来一位123岁的老人，他是现在能找到的唯一一位与移民同时代生活过的人，他坚持要见见大使。

“好多的事，你们走后，好多的事啊！”老人拿出两个碗——大使时代的碗，给碗里满上了酒，“我的父母是移民，这酒是我3岁时他们走前留给我的，让我存到他们解冻时喝。我见不到他们了！我也是你们见到的最后一个同时代的人了。”

喝了酒后，大使望着老人平静干涸的双眼，正想着这个时代的人似乎已不会流泪了，老人的眼泪却流了下来。他跪了下来，抓住大使的双手。

“前辈保重，西出阳关无故人啊！”

在大使被超低温的液氦凝固之前，桦突然出现在他那残存的意识中，他看到她站在撒满秋日的落叶上，后来落叶变黑，出现了一块墓碑。那是她的墓碑吗？

跋 涉

不知不觉，太阳如流星般划过长空，时光在外部世界中飞速掠过……

120 年……130 年……150 年……180 年……200 年……250 年……300 年……350 年……400 年……500 年……620 年。

第二站：大厅时代

“怎么这么久才叫醒我？”大使吃惊地看着原子钟。

“先遣队已以百年为间隔醒来并出动了四次，最长的一次，我们曾在一个时代生活了 10 年，但每次都无法实现移民，所以没有唤醒您，这个原则是您自己确定的。”先遣队队长说。大使这才发现先遣队队长比上次见面时老了许多。

“又遇到战争了？”

“没有，战争永远消失了。前三个时代的生态环境继续恶化，直到 200 年前才开始好转，但后两个时代拒绝接收移民。这个时代是否同意接收，最后需要您和委员会来决定。”

冷冻室大厅里没有人。在巨大的密封门隆隆开启时，先遣队队长低声对大使说：“变化远远超出您的想象，您要有心理准备呀。”

大使刚一踏进这个时代，脚下就响起了一阵乐声，梦幻般的，像过去时代的风铃声。他低头看到自己踏在水晶状的地面上，水晶的深处有彩色的光影在变幻。水晶看上去十分坚硬，踏上去却像地毯般柔软。踏到的位置响起那风铃般的乐声，同时有一圈圈同心的彩色光环以踏点为中心扩散开来，如同踏在平静的水面上激起的涟漪。大使抬头望去，发现目力所及之处，整个平原都呈水晶状。

“全球所有的陆地都铺上了这种材料，以至于整个世界都像人造的一样。”先遣队队长说。看着大使惊愕的目光，他笑了，好像在说：还有更令人吃惊的呢！大使又注意到自己在水晶地面上的影子有好几个，以他为中心向四面延伸。他抬起头来……

6 个太阳。

“现在是深夜，但 200 年前就没有夜晚了。您看到的是同步轨道上的 6 个反射镜，它们把阳光反射到地球夜晚的一面，每个镜面有几百平方千米的面积。”

“山呢？”大使发现，地平线上连绵的群山不见了，大地与蓝天的相接处如用尺子画出的一般平直。

“没有山了，全被平掉了，全球各大洲都是这样的平原。”

“为什么？”

“不知道。”

大使觉得那6个太阳如大厅里的6盏灯。大厅！对了，他产生了一种朦胧的感觉。他进一步发现，这是一个干净得出奇的时代，整个世界没有尘土，令人难以置信，一点儿都没有。大地如同一个巨大的桌面一样干净。天空同样一尘不染，呈干净的纯蓝色，但由于6个太阳的存在，天空已失去了过去时代的那种广阔和深邃，变得像大厅的拱顶。大厅！他的感觉更确定了，整个世界变成了一个大厅！铺着柔软的、能发出风铃声的水晶地毯，悬着6盏吊灯的大厅！这是个精致的、干净的时代，同上次的黑色时代形成了鲜明的对比。以后的移民编年史中，它被叫作“大厅时代”。

“他们不来迎接我们吗？”大使看着眼前空旷的平原问道。

“我们得自己到首都去见他们。这个时代虽然有精致的外表，却是个没有礼仪的时代，甚至连好奇心也没有了。”

“他们对移民是什么态度？”

“同意接收，但移民只能在与社会隔绝的保留区生活。至于保留区的位置是在地球上还是在其他行星上，或是在太空中专建一座城市，由我们决定。”

“这绝对不能接受！”大使愤怒地说，“全体移民必须融入现在的社会，融入现在的生活。移民不是二等公民，这是时间移民最基本的原则！”

“这不可能。”先遣队队长摇摇头。

“是他们的看法？”

“也是我的。哦，请听我把话说完。您刚解冻，而在此前，我已在这个时代生活了半年多。请相信我，现实远比您看到的更离奇，就算是发挥最疯狂的想象力，您也无法想象出这个时代十分之一的现状。与此相比，旧石器时代的原始人理解我们的时代倒容易多了！”

“移民开始时已经考虑了适应的问题，所以移民的年龄都在25岁以下。我们会努力学习，努力适应这一切的！”大使说。

“学习？”先遣队队长笑着摇摇头，“您有书吗？”他指着大使的手提箱问，“什么书都行。”大使不解地拿出一本伊凡·亚历山大洛维奇·冈察洛夫在19世纪末写的《环球航海游记》，这是他出发前看了一半的书。先遣队队长看了一眼书名说：“随便翻到一页，告诉我页数。”大使照办了，翻到239页。先遣队队长流利地背诵起航海家在非洲的见闻，令人难以置信的是，一字不差。

“看到了吗？根本不需要学习，他们就像我们往磁盘上拷贝数据一样向大脑中输入知识！人的大脑能达到记忆的极限。如果这还不够，看这个，”先遣队队长从耳后取下一个助听器大小的东西，“这是量子级的存储器，人类有史以来所有的书籍都可以存在里面，愿意的话，可以连一个账本都不放过！大脑可以像计算机访问内存一样提取它的信息，比提取大脑本身的记忆还快。看到了吗？我自己就是人类全部知识的载体，如果愿意，您在不到一小时的时间内也能做到。对他们来说，学习是一种古老的不可理解的神秘仪式。”

“他们的孩子一出生就马上得到一切知识？”

“孩子？”先遣队队长又笑了，“他们没有孩子。”

“那孩子呢？”

“我说过没有。家庭在更早的时候就没有了。”

“就是说，他们是最后一代人了？”

“也没有代，代的概念不存在了。”

大使的惊奇变成了茫然。但他还是努力去理解，并多少理解了一些。“你是说，他们永远活着？”

“身体的一个器官失效，就更换一个新的，大脑失效，就把其中的信息拷贝出来，再拷贝到一个新培植的大脑中去。当这种更换在进行了几百年后，每个人唯一留下的就是自己的记忆。您能说清他们是孩子还是老人吗？也许他们倾向于把自己当成老人，所以不来接我们。当然，愿意的话，也会有孩子的，通过克隆或是更传统的方法，但不多了。这一代长生者现在已生存了300多年，而且还会继续生存下去。这一切会产生出一个什么样的社会形态，您能想象得出吗？我们所梦想的东西——博学、美貌、长生，在这个时代都是轻而易举就能得到的东西。”

“那么这是理想社会了？他们还有想要而得不到的东西吗？”

“没有，但正因为他们能得到一切，同时也就失去了一切。对我们来说这很难理解，对他们来说却是真实的感受。现在远不是理想社会。”

大使的茫然又变成了沉思。天空中的6个太阳已斜向西方，很快落到地平线下。当西天只剩下两个太阳时，启明星出现了，接着，真正的太阳在东方映出霞光。那柔和的霞光使大使感到了一丝慰藉，宇宙间总有永恒不变的东西。

“500年，时间不算长，怎么会有这么大的变化呢？”大使像在问先遣队队长，又像在问整个世界。

“人类的发展是一个加速的过程，我们时代的50年，可与过去500年相比；而现在的500年，也许与过去的50000年相当了！您还认为移民能适应这一切吗？”

“加速到最后会是什么？”大使半闭起双眼。

“不知道。”

“你所拥有的全人类的知识也不能回答这个问题吗？”

“我游历这几个时代最深的感受是：知识能解释一切的时代过去了。”

……

“我们继续朝前走！”大使做出了决定，“带上那些芯片，还有他们向人脑输入知识的机器。”

在进入超睡前的蒙眬中，大使又见到了桦，桦越过620年的漫漫长夜向他看了一眼，那让人心醉又心碎的眼神，使大使在孤独的时间流浪中有了家园的感觉。大使梦见水晶大地上出现了一阵缥缈的飞尘，那是桦的骨骼变成的吗？

跋涉

不知不觉，太阳如流星般划过长空，时光在外部世界中飞速掠过……

620 年……650 年……700 年……750 年……800 年……850 年……900 年……950 年……1000 年。

第三站：无形时代

冷冻室巨大的密封门隆隆开启，大使第三次站在未知时代的门槛前，这次他做好了看一个全新时代的心理准备，但出门后才发现，变化没有他想象的那么大。

水晶地毯仍然存在，铺满大地，6 个太阳也在天空中发着光。但这个世界给人的感觉与大厅时代全然不同。首先，水晶地毯似乎已经“死”了，深处的光影还有，但暗了许多，在上面走动时不再发出风铃声，也没有美丽的波纹出现。其次，太空中的 6 个太阳，有 4 个已暗淡无光，它们发出的暗红色光只能标明自己的位置，而不能照亮下面的世界。最引人注意的变化是：这世界有尘土了！尘土在水晶地面上薄薄地落了一层。天空不再纯净，有灰色的流云。地平线也不是那么清晰笔直了。所有的一切给人这样一种感觉：大厅时代的大厅已人去屋空，外部的大自然慢慢渗透进来了。

“两个世界都拒绝接收移民。”先遣队队长说。

“两个世界？”

“有形世界和无形世界。有形世界就是我们熟知的世界，尽管已很不相同。虽然还有同我们一样的人，但对很大一部分人来说，有机物已不是他们的主要组成部分了。”

“同上次一样，平原上还是看不到一个人。”大使极目远望。

“有几百年，人们都不用那么费力地在地面上行走了。您看——”先遣队队长指指空中的某个位置，大使透过尘土和流云，隐约看到一些飞行物，距离很远，仿佛只是一群小黑点。“那些黑点，也许是飞机，也许是人。任何机器都可能是一个人的身体，比如海上的一艘巨轮，肯呢个就是一个人的身体，操纵巨轮的计算机就是这个人大脑的拷贝。一般来说，每个人有几个身体，这些身体中总有一个是同我们一样的有机体，这是人们最重视的一个身体，虽然也是最脆弱的。这也许是来自过去的情感吧。”

“我们是在做梦吗？”大使喃喃地问。

“与有形世界相比，无形世界更像一个梦。”

“我已经能想象出那是什么，人们连机器的身体也不要了。”

“是的。无形世界就是一台超级计算机的内存，每个人是内存中的一个软件。”

先遣队队长指了指前方，地平线上有一座山峰，孤独地立在那里，在阳光下闪着蓝色的金属光泽。“那就是无形世界中的一块大陆。您还记得上次我们带回的那些小小的量子芯片吧，而您看到的是量子芯片堆成的高山！由此可以想象或根本无法想象，这台超级计算机的容量。”

“在它里面，是一种什么样的生活呢？在内存里，人们什么都不是，只是一些量子脉冲的组合罢了。”大使说。

“正因为如此，您可以真正随心所欲，创造您想要的一切。您可以创造一个有千亿人口的帝国，在那里您是国王；您可以经历1000次各不相同的浪漫史；在10000次战争中死10万次。那里每个人都是一个世界的主宰，比神更有力量。您甚至可以为自己创造一个宇宙，那宇宙里有上亿个星系，每个星系有上亿颗星球，每颗星球都是您渴望或不敢渴望的各不相同的世界！不用担心没有时间享受这些，超级计算机的速度使那里的一秒有外面的几个世纪的时间那么长。在那里，唯一的限制就是想象力。在无形世界中，想象与现实是一个东西，在您的想象出现的同时，想象也就变为现实了。当然，是量子芯片内的现实，用您的说法，就是量子脉冲的组合。这个时代的人们正在渐渐转向无形世界，现在生活在无形世界中的人数已超过了生活在有形世界中的。虽然可以在两个世界都有一份大脑的拷贝，但无形世界中的生活如同毒品一样，一旦经历过那种生活，谁也不想再回到有形世界里了——我们充满烦恼的世界对他们来说如同地狱一般。现在，无形世界已掌握了立法权，正在渐渐控制整个世界。”

跨过1000年的两个人，梦游似的看着那座由量子芯片堆成的高山，忘记了时间，直到真正的太阳像过去亿万年的每一天那样点亮了东方，他们才回到了现实。

“再以后会是什么呢？”大使问。

“无形世界中，作为一个软件，您可以轻而易举地拷贝多个自我。如果对自己性格的某些方面不喜欢，比如您认为在受着感情和责任心的折磨，您也可以把这两方面都去掉，或把它们拷贝一份，需要时再连接到您的自我上。您也可以把一个自我分裂成多个，分别代表您个性的某个方面。进一步，您可以和别人合为一体，形成一个由两者的精神和记忆组合而成的新自我。再进一步，还可以组合几个、几十个或几百个人……够了，我不想让您发疯，但这一切在无形世界中随时都在发生。”

“再以后呢？”

“只能猜测。现在最明显的迹象是，无形世界中的个体可能会消失，最终所有人合为一个软件。”

“再以后？”

“不知道。这已是个哲学问题了，经过了这几次解冻，我已经害怕哲学了。”

“我则相反，已是个哲学家了。你说得对，这是个哲学问题，必须从哲学的深度来思考。对这次移民，我们早就该这样思考，但现在也不晚。哲学是一层纸，现在至少对于我，这层纸被捅破了，突然间——几乎突然间，我知道我们以后的路了。”

“我们必须在这时代结束移民，再走下去，移民将更难适应目的地时代的环境。”先遣队队长说，“我们应该起义，争得自己的权利。”

“这不可能，也没必要。”

“我们难道还有别的选择？”

“当然有，而且这个选择就像前面正在升起的太阳一样清晰和光明。请把总工程师叫来。”

总工程师同大使一起解冻，现在正在冷冻室中检查和维护设备。由于被频繁解冻，他已由出发时的青年变成老人了。当茫然的先遣队队长把他叫来后，大使问：“冷冻还能维持多长时间？”

“现在绝热层良好，聚变堆的工作情况也正常。在大厅时代，我们按当时的技术更换了全部的制冷设备，并补充了聚变燃料，现在看来，200个冷冻室，即使以后不更换任何设备，不进行任何维护，也可维持12000年。”

“好极了。立刻在原子钟上设定最终目的地，全体人员进入超睡，在到达最终目的地之前，不再有任何人解冻。”

“最终目的地定在？”

“11000年。”

……

桦又进入了大使超睡前的残存意识中，这一次最真实：她的长发在寒风中飘动，大眼睛含着泪，在呼唤他。

在进入无知觉的冥冥中之前，大使对她喊：“桦，我们要回家了！我们要回家了！”

跋涉

不知不觉，太阳如流星般划过长空，时光在外部世界中飞速掠过……

1000年……2000年……3500年……5500年……7000年……9000年……10000年……11000年。

第四站：回家

这一次，甚至在超睡中也能感觉到时光的漫长了。在10000年的漫漫长夜中，在100个世纪的超长等待中，连忠实地控制着全球200个超级冷冻室的计算机都要睡着了。在最后的1000年中，它的部件开始损坏，无数只由传感器构成的眼睛一只只地闭上，集成块构成的神经一根根瘫痪，聚变堆的能量相继耗尽，在最后的几十年中，冷冻室仅靠绝热层维持着绝对零度。后来，温度开始上升，很快到了危险的程度，液氦开始蒸发，超睡容器内的压力急剧增高，11000年的跋涉似乎将在一声爆破中无知觉地完结。

但就在这时，计算机唯一还睁着的那双眼看到了原子钟的时间，这最后一秒钟的流逝唤醒了它古老的记忆，它发出了一个微弱的信号，苏醒系统启动了。在核磁脉冲的作用下，先遣队队长和100名先遣队队员的身体中接近绝对零度的细胞液在不到1%秒的时间内融化，然后升到正常体温。一天后，他们走出了冷冻室。一个星期后，大使和移民委员会的全体委员都苏醒了。

当冷冻室的巨门刚刚开启一条缝时，一股风从外面吹了进来。大使闻到了外面的气息，这气息同前三个时代不同，它带着嫩芽的芳香，这是春天的气息、家的气息。大使现在几乎已肯定，他在10000年前的决定是正确的。

大使同委员会的所有人一起跨进了他们最后到达的时代。

大地是土的,但土是看不见的,因为上面长满了一望无际的绿草。冷冻室的门前有一条小河，河水清澈，可以看到河底美丽的花石和几条悠闲的小鱼。几个年轻的先遣队队员在小河边洗脸，他们光着脚，脚上有泥，轻风隐隐送来了他们的笑声。只有一个太阳，蓝天上有雪白的云朵。一只鹰在懒洋洋地盘旋，有小鸟的叫声。远远望去，在10000多年前的大厅时代消失了的山脉又出现在天边，山上盖满了森林……

对经历过前三个时代的大使来说，眼前的世界太平淡了，他为这种平淡流下热泪。经过11000年流浪的他和所有人都需要这平淡的一切,这平淡的世界是一张温暖而柔软的天鹅绒,他们把自己疲惫、破碎的心轻轻放上去。

平原上没有人类活动的迹象。

先遣队队长走过来，大使和委员们的目光集中在他脸上，那是最后审判日里人类的目光。

“都结束了。”先遣队队长说。

谁都明白这话的含义。在神圣的蓝天绿草之间，人类沉默着，平静地接受了这个现实。

“知道原因吗？”大使问。

先遣队队长摇摇头。

“由于环境？”

“不，不是由于环境，也不是战争，不是我们能想到的任何原因。”

“有遗迹吗？”大使问。

“没有，什么都没留下。”

委员们围过来，开始急促地发问。

“有星际移民的迹象吗？”

“没有，近地行星都恢复到未开发状态。也没有恒星际移民的迹象。”

“什么都没留下？一点点，一点点都没有？”

“是的，什么都没有。以前的山脉都被恢复了，是从海洋中获取的岩石和土壤。植被等生态也恢复得很好，但都看不到人工的痕迹。古迹只保留到公元前1世纪，以后的时代痕迹全无。生态系统自行运转估计有5000多年了，现在的自然环境类似于新石器时代，但物种不如那时丰富。”

“什么都没留下，怎么可能？”

“他们没什么话要说了。”

最后这句话使大家再次陷入沉默。

“这一切您都预料到了，是吗？”先遣队队长问大使，“那么，您应该想到原因了？”

“我们能想到，但永远无法理解。原因要在哲学的深度上找。在对存在思考到终极时，他们认为不存在是最合理的，并选择了它。”

“我说过，我怕哲学！”

“那好，我们暂时离开哲学吧。”大使走远几步，面向委员们。

“移民到达，全体解冻！”

200个聚变堆发出最后的强大能量，核磁脉冲在融化着8000万人。一天后，人类从冷冻室中走出，并在沉寂了几千年的各个大陆上扩散开来。在一号冷冻室所在的平原上，聚集了几十万人，大使站在冷冻室门前巨大的台阶上面对他们，只有很少一部分人能听到他的讲话，但他们把听到的话像水波一样传开去。

“公民们，本来计划走120年的我们，走了11000年，最后到达这里。现在的一切你们都看到了，他们消失了，我们是仅存的人类。他们什么都没有留下，但又留下了一切。这几天，所有的人一直在努力寻找，渴望找到他们留下的只言片语，但没有，什么都没有。他们真没什么可说的吗？不！他们有，而且说了！看这蓝天，这草地，这山脉，这森林，这整个重新创造的大自然，就是他们要说的话！看看这绿色的大地，这是我们的母亲！是我们力量的源泉！是我们存在的依据和永恒的归宿！以后人类还会犯错误，还会在苦难和失望的荒漠中跋涉，但只要我们的根不离开我们的大地母亲，我们就不会像他们那样消失。不管多么艰难，人类和生活将永远延续！

公民们，现在这世界是我们的了，我们开启了人类新的轮回。虽然我们现在一无所有，但又拥有人类有过的一切！”

大使把一片来自大厅时代的量子芯片高高举起，把全人类的知识高高举起。突然，他像石像一样凝固了，他的眼睛盯着人海中一个飞快移动的小黑点，近了，他看清了那束在梦中无数次出现的长发、那双他认为在100个世纪前已化为尘土的眼睛。桦没留在11000年前，她最后还是跟他来了，跟他跨越了这漫长的时间沙漠！当他们拥抱在一起时，天、地、人合为一体了。

“新生活万岁！”有人高呼。

“新生活万岁！”这呼声响彻整个平原，群鸟欢唱着从人海上空飞过。

在一切都结束之后，一切都开始了。

白垩纪往事

这是6500万年前白垩纪晚期普通的一天，真的不可能搞清是哪一天了，但确实是普通的一天，这一天的地球是在平静中度过的。

那时各大陆的形状和位置与现在大不相同，恐龙主要分布在两块大陆上：其一是冈瓦纳古陆，它在几亿年前原本是地球上唯一的完整大陆，后来经过分裂，面积已大为减小，但仍有现在的非洲和南美洲合起来那么大；其二是罗拉西亚大陆，它是从冈瓦纳古陆分裂出去的一块大陆，后来形成了现在的北美洲。

这一天，在所有的大陆上，所有的生命都在为生存而奔波，在这蒙昧之中的世界，它们不知道自己从哪里来，也不关心自己到哪里去。当白垩纪的太阳升到正空时，当苏铁植物的大叶在地上投下的影子缩到最小时，它们只关心从哪里找到自己今天的午餐。

一头霸王龙找到了自己的午餐，它此时正处于冈瓦纳古陆的中部地区，在一片高大的苏铁林中的一块阳光明媚的空地上。它的午餐是一条刚刚抓到的肥硕的大蜥蜴，它用两只大爪把那只拼命扭动的蜥蜴一下撕成两半，把尾巴那一半扔进大嘴里，津津有味地大嚼起来，这时，它对这个世界和自己的生活很满意。

就在距霸王龙左脚一米左右的地方，有一个蚂蚁的小镇，镇子大部分处于地下，里面生活着1000多只蚂蚁。今年的旱季很长，日子越来越难熬了，它们已经连着两天挨饿了。

霸王龙吃完后，后退两步，满意地躺在树荫里睡午觉了。它的倒卧使小镇产生了一场强烈的地震，涌到地面的蚂蚁们看到霸王龙的身躯像远方一道高大的山脉。不一会儿地震又发生了，只见那道山脉在大地上来回滚动着，霸王龙把一只巨爪伸进嘴里，在巨牙间使劲儿抠着，蚂蚁们很快明白了霸王龙睡不着的原因：牙缝里塞了肉，很难受。

蚂蚁小镇的镇长突然间有了一个主意，它攀上一棵小草，向下面的蚁群发出一股气味语言。气味所到之处的蚂蚁们理解了镇长的意思，也发出气味把这信息更广地传播开来，蚁群中触角挥动，出现了一阵兴奋的浪潮。随后，在镇长的率领下，蚁群向霸王龙行进，在地面上形成了几道黑色的小溪。

10分钟后，蚂蚁们便跟着镇长开始登上霸王龙的巨爪。霸王龙看到了前臂上的蚁群，挥起另一只手臂要把它们扫下去。它挥起的巨掌如一片乌云瞬间遮住了正午的太阳，蚁群所在的前臂平原立刻暗了下来。蚂蚁们惊恐地仰望着空中的巨掌，急剧挥动着它们的触角，镇长则抬起前足指着霸王龙的大嘴，其他的蚂蚁也学着镇长的样子，一起指着霸王龙的嘴。霸王龙愣了几秒钟，似乎明白了蚂蚁的意思。

它想了想，把举着的那只爪子放了下来，前臂平原上立刻云开日出。霸王龙张开大嘴，将爪子的一根指头搭到它的巨牙上，形成了一座沟通前臂平原与巨牙的桥梁。蚂蚁们犹豫着，镇长首先向指头走去，蚁群随后跟上。

一群蚂蚁很快走到了手指的尽头，它们站在那光滑的圆锥形指尖上，充满敬畏地向霸王龙的嘴里看了一眼，它们仿佛面对着一个处于雷雨前的暗夜中的世界，一阵充满血腥味的潮湿的大风迎面刮来，那无尽的黑暗深处有隆隆的雷声传来。当蚂蚁们的眼睛适应了黑暗后，模糊地看到黑暗中的远方有一大片更黑的区域，那片区域的边界还在不断地变幻着形状，好半天蚂蚁们才明白那是霸王龙的嗓子眼儿，隆隆的雷声就是从那里传出来的，这声音是从那大黑洞的深处——霸王龙庞大的胃发出的。蚂蚁们惊恐地收回目光，纷纷从指尖爬上了霸王龙的巨牙，然后沿着牙面那白色的光滑峭壁爬下去。在宽大的牙缝中，蚂蚁们开始用它们有力的双颚撕咬卡在那里的粉红色的蜥蜴肉。这时，霸王龙已经把指头搭到了上排牙上，后来的蚂蚁在持续不断地爬上去，然后进入牙缝中吃肉，这使得上牙的情景仿佛是下牙的镜像。在霸王龙的十几道牙缝中，有上千只蚂蚁在忙碌着。很快，牙缝中的残肉被剔得干干净净。

霸王龙牙齿间的不适感消失了，霸王龙还没有进化到能说“谢谢”的地步，它只是快意地长出一口气，一时间突然出现的飓风掠过两排巨牙，把所有的蚂蚁都吹了出去。蚁群像一片黑色的灰尘纷纷从空中飘落，它们由于身体极轻，都安然无恙地降落在距霸王龙头部一米多远的地方。

饱餐一顿的蚂蚁们心满意足地向小镇的入口走去，而消除了齿间不适的霸王龙，又打了一个滚回到凉爽的树荫里，舒适地睡去了。

地球在静静地转动着，太阳无声地滑向西方，苏铁植物的影子在悄悄拉长，林间有蝴蝶和小飞虫在静静地飞着。在远方，远古大洋上的浪花拍打着冈瓦纳古陆的海岸……

没有人知道，在这宁静的一刻，地球的历史已被扭向另一个方向。

信息时代

时光飞逝，50000 年过去了。

恐龙和蚂蚁的相互依存关系一直延续了下来，两个物种一同创造了白垩纪文明，跨越了石器时代、青铜时代、铁器时代、蒸汽机时代、电气时代和原子时代，现在进入了信息时代。

恐龙在各大陆上建起了巨大的城市，这些城市中有上万米高的大楼，站在它们的楼顶向下看，就像坐在我们的高空飞机上鸟瞰一样，可以看到云层几乎贴着大地。这些巨楼站立在云海之上，下面的云很密时，总是处于万里晴空之中的顶层的恐龙就会打电话问底层的门卫，下面是不是在下雨，以决定它们下班回家时要不要带伞。它们的伞也很大，像我们马戏团的顶棚。它们的汽车，每一辆都有我们的一幢楼房那么大，行驶时地面在颤动。恐龙的飞机像我们的巨轮那么大，飞行时如惊雷滚过长空，并在地面上投下大大的影子。恐龙还进入了太空进行探险，在地球同步轨道上运行着它们大量的卫星和飞船，这些航天器同样是庞然大物，在地面上就能看出其形状。恐龙的世界是由庞大而复杂的计算机网络连在一起的，它们的计算机键盘上的每一个按键都有我们的计算机屏幕那么大，而它们的计算机屏幕像我们的一面墙那么宽。

与此同时，蚂蚁世界也进入了先进的信息时代。蚂蚁世界的能源动力与恐龙世界的完全不同，它们不使用石油和煤炭，而是采集风力和太阳能。在蚂蚁城市中，能看到大量的风力发电机，外形和大小与我们的孩子玩的纸风车相仿；城市的建筑表面都是一种光亮的黑色材料，那是太阳能电池。蚂蚁世界的另一项重要技术是通过生物工程制造的动力肌肉，这种动力肌肉的外形像一根根粗电缆，注入营养液后就能够进行各种频率的伸缩以产生动力，蚂蚁的汽车和飞机都是由这种动力肌肉作为发动机的。蚂蚁也有计算机，它们都是犹如米粒大小的圆粒，与恐龙的计算机不同，没有任何集成电路，所有的计算都是由复杂的有机化学反应完成。蚂蚁计算机没有显示屏，它用化学气味输出信息，这些极其复杂精细的气味只有蚂蚁能够分辨，蚂蚁的感觉可以把这些气味翻译成数据、语言和图像。这些粒状化学计算机同样联成了庞大的网络，只是它们之间的联网不是通过光纤和电波，而是通过化学气味，计算机之间用气味语言来交换信息。蚂蚁社会的结构与我们今天见到的蚁群结构大不相同，反倒更像我们人类。由于采用生物工程生产胚胎，蚁后在生殖繁衍后代中的作用已微不足道，所以它们在蚂蚁社会中没有今天这样的地位和重要性。

蚂蚁和恐龙两个世界间形成了一种相互依存的关系。四肢笨拙的恐龙依赖蚂蚁的精细操作技能：在恐龙世界的所有工厂中，都有大量的蚂蚁在工作，它们主要从事恐龙工人无法胜任的微小零件的制造，以及精密设备和仪器的操作、维护和维修等。蚂蚁在恐龙社会发挥重要作用的另一个重要领域是医学：恐龙的所有手术仍然由蚂蚁医师们进入它们那巨大的内脏来实施，蚂蚁拥有了许多精密的医疗设备，包括微小的激光手术刀和能够在恐龙的血管中行驶并清淤的微型潜艇等。

冈瓦纳大陆上的蚂蚁帝国最后统一了各个大陆上的未开化的蚂蚁部落，建立了覆盖整个地球的名叫“蚂蚁联邦”的蚂蚁世界。

与蚂蚁世界相反，原本统一的恐龙帝国却发生了分裂，罗拉西亚大陆独立，建立了另一个庞大的恐龙国家——罗拉西亚共和国。后来经过上千年的扩张，冈瓦纳帝国占据了原生印度、原生南极和原生澳大利亚，而罗拉西亚共和国则把自己的版图扩张至原生亚洲和原生欧洲两块大陆。冈瓦纳帝国主要由霸王龙组成，而罗拉西亚共和国的主要龙种是特暴龙，双方在领土扩张的漫长历史中不断爆发战争。但在最近的200年，随着核时代的到来，战争却停止了。这完全是核威慑的结果，两个大国都存贮了大量的热核武器，战争一旦爆发，这些核弹会使地球变成一个没有生命的放射性熔炉。正是对共同毁灭的恐惧，使白垩纪地球维持了这针尖上的可怕和平。

随着时间的流逝，恐龙社会在地球上急剧膨胀，它们的人口迅速增加，各个大陆变得拥挤起来，环境污染和核战争两大威胁变得日益严重。恐龙和蚂蚁两个世界间的裂痕再次出现，使白垩纪文明笼罩在一层不祥的阴云之中。

在刚刚闭幕的本年度龙蚁峰会上，蚂蚁世界要求恐龙世界采取断然措施——销毁所有核武器、保护环境和限制“人口”增长。在要求被拒绝后，白垩纪世界中的所有蚂蚁全体罢工了。

蚂蚁罢工

冈瓦纳帝国首都，在高耸入云的皇宫中的一间宽阔的蓝色大厅中，达达斯皇帝躺在一张大沙发上，用大爪捂着左眼，不时痛苦地呻吟一声。围着它站着几头恐龙，它们是国务大臣巴巴特、国防大臣洛洛加元帅、科学大臣尼尼坎博士和医疗大臣维维克医生。

维维克医生欠身看着皇帝说：“陛下，您的左眼已经发炎了，急需手术，但现在找不到动眼科手术的蚂蚁医生，只能用抗生素药物暂时缓解，这样下去，您的这只眼睛有失明的危险。”

“见鬼！”皇帝咬牙切齿地说，接着问医生，“全国的医院都没有蚂蚁医生了吗？”

维维克点点头：“是的，陛下。现在因大量需要手术的病人得不到治疗，已经引起了一定的社会恐慌。”

“大概更大的恐慌不是来自于此吧。”皇帝说着，转向国务大臣。

巴巴特欠一下身说：“当然，陛下。现在全国有三分之二的工厂已经停工，有几个城市还停电了。罗拉西亚共和国的情况也比我们好不到哪里去。”

“那些恐龙能够操纵的机器和生产线也停下来了吗？”

“是的，陛下。在制造业，比如汽车制造之类，如果精细的小部件造不出来，那些恐龙能够生产的大部件也无法装配成能够使用的成品，所以也都停止生产了。在另外一些工业部门，如化工厂和发电厂，蚂蚁罢工刚开始时还影响不大，但后来随着设备故障的增加，维修又跟不上，瘫痪的工厂越来越多。”

皇帝暴跳如雷：“可恶！龙蚁峰会刚结束时，我就命令你们在全国范围内对恐龙产业‘工人’进行紧急培训，以使它们能够逐步胜任原来由蚂蚁从事的精细操作。”

“陛下，这几乎是一件不可能的事。”

“对于伟大的冈瓦纳帝国而言，没有什么是不可能的！在帝国漫长的历史上，冈瓦纳恐龙经历过比这次大得多的危机，有多少次敌众我寡的血战，多少次扑灭覆盖整个大陆的森林大火，多少次在大陆板块运动后岩浆横流的大地上生存下来……”

“但，陛下，这次不同……”

“有什么不同？只要勤学苦练，恐龙也能拥有一双灵巧的手！

我们的世界不会因此而屈服于那些小虫子的要挟！”

“我将让您看到，这是一件多么困难的事……”巴巴特说着，张开它的大爪，把两根红色的电线放到沙发上，“陛下，您能试着做一个维修机器设备最基本的操作：把这两根导线接起来吗？”

达达斯皇帝的大爪每根指头都有半米长，比茶杯还粗，那两根直径3毫米的电线，在它看来比我们眼中的头发丝还细。它费了很大劲儿，蹲在那里把两眼紧凑在沙发上，试图把那两根电线捏起来，爪子粗大的锥形指甲像几颗小炮弹般光滑，夹起的电线最终都滑落下去，剥开电线的胶皮进行连接更是谈不上了。皇帝叹了口气，不耐烦地一挥爪子把电线扫到地上。

“就算是您最终练就了这接线的细功夫，还是无法进行维修工作，因为我们这粗大的手指不可能伸进那些只有蚂蚁才能钻进去的精密机器中。”

“唉——”科学大臣尼尼坎长叹一声，感慨地说，“早在800年前，先皇就看到了恐龙世界对蚂蚁细微操作技能的依赖所产生的危险，并做出了巨大的努力——研究新的技术和设备以摆脱这种依赖。但恕我冒昧，在包括陛下在位的这2个世纪，这种努力几乎停止了，我们舒适地躺在蚂蚁服务的温床上，忘记了居安思危。”

“我没有躺在谁的温床上！”皇帝举起两只大爪愤怒地说，“事实上，先皇看到的那种危险也无数次的出现在我的噩梦中，”它用一根粗指头抵着尼尼坎的前胸，“但你要知道，先皇做出的为摆脱对蚂蚁技能依赖的努力是因为失败而停止的，在罗拉西亚共和国也一样！”

“是这样，陛下！”国务大臣巴巴特点点头，指指地上的电线对尼尼坎说，“博士，您不可能不知道，要想让恐龙顺利地完成接线操作,这两根电线必须有10至15厘米粗！即使具有这样大的形体，我们也不可能想象一部内部盘着像小树那么粗的电线的移动电话，或者同样的一台计算机。与此类似，要想由恐龙操作和维护，有一半的机器设备必须造得比现在要大百倍甚至几百倍，这样，资源和能源的消耗也将相应地是现在的百倍甚至几百倍，这是恐龙世界的经济根本无法承受的！”

尼尼坎点点头，承认了巴巴特的说法：“是的，更要命的是，有些设备的部件是不可能大型化的，比如光学和电磁波通信设备，包括光波在内的电磁波的波长，决定了调制和处理它们的部件一定是微小的。没有微小部件，怎么可能会有计算机和网络？在分子生物学和基因工程的研究和生产方面也是类似的情况。”

医疗大臣维维克说：“我们的医疗也离不开蚂蚁，没有它们，恐龙的外科手术无法想象。”

科学大臣尼尼坎总结道：“龙蚁联盟是大自然在进化中的一项选择，它的意义是十分深远的，没有这种联盟，地球上的文明根本不可能出现，我们绝不能容忍蚂蚁破坏这个联盟。”

“可现在我们怎么办呢？”皇帝摊开双爪看看大家问。

一直沉默的国防大臣洛洛加元帅说话了：“陛下，蚂蚁联邦固然有它们的优势，但我们也有自己的力量，蚂蚁世界的城市比我们娃娃的积木玩具还小，我们撒泡尿就能把它冲垮！帝国应该使用这种力量。”

皇帝点点头，对洛洛加说：“好吧，你命令总参谋部制订一个行动方案，毁灭几座蚂蚁城市，给它们一个警告！”

“元帅，”国务大臣巴巴特拉住正要离去的洛洛加说，“关键是要与罗拉西亚协调好。”

“对！”皇帝点点头，“要与它们同时行动，以防让多多米做好人，把蚂蚁联邦拉到罗拉西亚那边去。”

最后的战争

“在我们的那三座城市被摧毁后，为避免更大的损失，蚂蚁联邦已经暂时结束罢工，恢复在恐龙世界的工作。现在的事实已经很清楚：要么蚂蚁消灭恐龙，要么整个地球文明一起毁灭！”蚂蚁联邦最高执政官卡奇卡在议会讲坛上对议员们说。

“我同意最高执政官的看法。”蚂蚁参议员比卢比在自己的座位上挥动着触角说，“照现在的趋势发展下去，地球生物圈只有两个命运：被恐龙大工业产生的污染完全毒化，或者在冈瓦纳和罗拉西亚两个恐龙大国间的核战争中被完全毁灭！”

它们的话在蚂蚁议员们中引起了强烈反响：“对，是做最后抉择的时候了！”“消灭恐龙，拯救文明！”“行动吧！行动吧！”

“请大家冷静一下！”蚂蚁联邦的首席科学家乔耶博士挥动触角平息了喧哗，“要知道，蚂蚁和恐龙的共生关系已经延续了50000多年，龙蚁联盟是地球文明的基础，当然也是蚂蚁文明的基础。如果这个联盟突然消失，并且其中的一方——恐龙文明被消灭，蚂蚁文明真的能够独自存在下去吗？大家都知道，在龙蚁联盟中，恐龙从蚂蚁这里得到的东西一直是很明确很具体的，而蚂蚁从恐龙那里得到的，除基本的生活物资外，还有一些无形的东西，那就是它们的思想和科技知识。对于蚂蚁文明来说，后者显然是更重要的，蚂蚁也许能够成为出色的工程师，但永远成为不了科学家！因为蚂蚁大脑的生理结构决定了我们永远也不可能拥有恐龙的两样东西：好奇心和想象力。”

比卢比参议员不以为然地摇摇头：“好奇心和想象力？博士，您以为这是两样好东西吗？正是这两样东西，使恐龙成为一种神经兮兮的动物，使它们情绪变幻不定，喜怒无常，整天在胡思乱想的白日梦中浪费时光。”

“但，参议员，正是这种变幻不定和胡思乱想，才使灵感和创造成为可能，才使探索宇宙最深层规律的理论研究成为可能，而后者是技术进步的基础。”

“好了，好了……”卡奇卡不耐烦地打断乔耶博士的话，“现在不是进行这种无聊的学术讨论的时候。博士，蚂蚁世界现在面临的问题只有一个：是消灭恐龙，还是与它们一起毁灭？”

乔耶无言以对。

卡奇卡转向联邦军队总司令若列元帅，点头示意。

若列元帅走上讲坛："我想让大家看一样小东西，这也是我们不依赖恐龙老师而进行的技术发明中的微不足道的一项。"

在若列的示意下，有两只蚂蚁拿上来两小条薄薄的白色片状物，像两片小纸屑。若列介绍说："这是蚂蚁最传统的武器——雷粒的一种最新型号，这种片状的雷粒，是联邦的军事工程师们专们为这场终极战争研制的。"它挥了一下触角，又有四只蚂蚁抬上来两小段导线，就是在恐龙的机器中最常见的那种，一段是红色的，另一段是绿色的。它们把这两段导线放到一个支架上，然后把那两片白色的小条分别缠到两段导线的中部，小条紧紧地贴在导线上，像在上面缠了两圈白胶布。但接下来，神奇的事情发生了：那两圈小白条突然开始变色，分别变成与它们所缠的导线一样的颜色，一条变红，一条变绿。很快，它们就与所缠的导线融为一体，根本无法分辨出来。卡奇卡说："这就是联邦的最新武器：变色雷粒。它们一旦安装到位，恐龙是绝对无法发现的！"约两分钟后，雷粒爆炸，"啪啪"两声脆响后，两段导线都被齐齐切断。

"届时，联邦将出动由一亿只蚂蚁组成的大军，它们中的一部分是目前正在恐龙世界工作的蚂蚁，另一部分则正在潜入恐龙世界。这支大军将在恐龙的机器内部的导线上安装两亿片变色雷粒！我们把这个行动称为'断线行动'。"

"哇，真是一个宏伟的计划！"比卢比参议员赞叹道，引发了议员们一阵由衷的附和声。

“同时进行的另一个行动也同样宏伟！联邦将出动另一支由2000万只蚂蚁组成的大军，潜入500万头恐龙的头颅，在它们的大脑主血管上安装雷粒。这500万头恐龙是地球上几十亿恐龙中的精英成员，它们包括国家领导层、科学家、关键岗位上的技术恐龙和操作恐龙等，这些恐龙一旦被消灭，整个恐龙世界就像失去了大脑，所以我们把这个行动称为‘断脑行动’。”

“计划的最精彩之处是对恐龙世界打击的同时性！”卡奇卡接着说，“安放在恐龙世界机器中的那两亿片雷粒，和布设在恐龙大脑中的500万片雷粒，将在同一时刻爆炸！这一时刻的误差不会超过一秒钟！这使得恐龙世界的任何一部分都不可能得到其他部分的救援和替代，整个恐龙社会将像大洋中一艘被抽掉了船底的大船，飞快地沉下去！那时，我们就是真正的地球统治者了。”

“尊敬的卡奇卡执政官，您能否告诉我们那一伟大时刻的具体时间？”比卢比问，它拼命抑制着自己的兴奋。

“所有雷粒的引爆时间，将设定在一个月后的午夜。”

蚂蚁们发出了一阵欢呼。

乔耶博士拼命地挥动触角，想让蚁群安静下来，但欢呼声经久不息。它大喝了一声，才使大家安静下来把目光转向它。

“够了！你们都疯了吗？”乔耶大喊道，“恐龙世界是一个极其复杂的超巨型系统，这个系统如果在一瞬间全面崩溃，会产生我们难以预测的后果。”

“博士，除了恐龙世界的毁灭和蚂蚁联邦在地球上的最后胜利，您能告诉大家还会有什么别的后果吗？”卡奇卡问。

“我说过，难以预测！”

“又来了，乔耶书呆子，您那一套我们都厌烦了。”比卢比说。其他的议员对首席科学家扫了大家的兴也纷纷表示不满。

若列元帅走过来用前足拍拍乔耶——元帅是一只冷静的蚂蚁，也是刚才少数没有同大家一起欢呼的蚂蚁之一。“博士，我理解您的忧虑，其实这种担心我们也有过，我想恐龙的核武器失控算是最严重的后果之一吧。但不用担心，虽然两个恐龙大国的核武器系统都全部由恐龙控制，日常少量由蚂蚁进行的维护工作也在恐龙的严密监控之下，但对蚂蚁特种部队来说，进入其内部也不是一件难事。我们在核武器系统中安放的雷粒数量将比别的系统中的多一倍，当那一时刻过后，核武器系统会同其他系统一样全面瘫痪，不会造成很大的灾难。”

乔耶叹了口气：“元帅，事情要复杂得多。问题的关键在于，我们真的了解恐龙世界吗？”

这个问题让所有的蚂蚁都愣了一下。卡奇卡看着乔耶说：“博士，蚂蚁遍及恐龙世界的每一个角落，而且上万年来一直如此！您怎么能提出一个如此愚蠢的问题？”

乔耶缓缓地摇摇触角：“蚂蚁和恐龙毕竟是两个差异巨大的物种，生活在两个完全不同的世界里。直觉告诉我，恐龙世界肯定存在着某些蚂蚁完全不知晓的巨大秘密。”

“如果您提不出什么具体的方面，那就等于没说。”比卢比不以为然地说。

乔耶说："为此，我请求建立一个信息收集系统，具体的计划是：你们每向恐龙的大脑中布设一片雷粒，同时也向它的耳蜗中安装一个窃听器，我将领导一个部门监听和分析这些窃听器发回的信息，以期能尽快地发现一些我们以前不知道的东西。"

雷　粒

通信大厦是巨石城信息网络的中心，担负着首都同全国的信息处理和交换任务。在冈瓦纳帝国共有上百个这样的网络中心，它们构成了帝国庞大信息网络的主干。

一支蚂蚁小分队已经进入了信息网络中心的一台服务器内部。小分队由上百只蚂蚁组成，在5个小时前沿着一根供水管潜入通信大厦，然后又从地板上一道极小的缝隙进入了服务器机房，最后由通风孔进入这台服务器内部。在恐龙巨大的建筑和机器中，蚂蚁是通行无阻的。听到有恐龙走来，蚂蚁们赶紧躲到比它们的城市中的足球场还大的主板下面。它们听到机柜的门打开了，透过主板上的小孔，看到一面放大镜遮住了整个天空，放大镜中扭曲地映出了恐龙工程师的一只巨大的眼睛。这时蚂蚁们胆战心惊，但最后恐龙并没有发现它们。恐龙工程师没有发现蚂蚁刚刚布设的几十片雷粒，那些小小的薄片已与贴于其上的导线颜色浑然一体，根本不可能分辨出来。蚂蚁们在十几根不同颜色和粗细的导线上都贴上了薄片雷粒。还有几片薄片雷粒贴在电路板上，这些雷粒具有更高级的变色功能，它们能在不同的位置变出不同的颜色，与下面的电路板精确对应，天衣无缝，比贴在导线上的雷粒更难发现。这种雷粒并不会爆炸，当到达设定的时间后，它们会流出几滴强酸，将电路板上的蚀刻电路熔断。

机柜的门关上后，服务器中的世界立刻进入夜晚，只有一个电源指示灯像一轮绿色的月亮挂在空中，冷却扇的嗡嗡声和硬盘嗒嗒的轻响反而更加衬托出这个世界的宁静。

不久，在信息网络中心的每台服务器中，都有一支蚂蚁小分队完成了雷粒的布设。

在广阔的外部世界，在各个大陆上，有上亿只蚂蚁正在恐龙世界的无数大机器中干着同样的事。

这天夜里，冈瓦纳恐龙帝国皇帝达达斯做了一个噩梦，它梦见黑压压的一大片蚂蚁从鼻孔爬进了自己的身体，然后又从嘴里排成长长的一列爬出来，出来的每只蚂蚁嘴里都衔着一块东西，那是自己被咬碎的内脏。蚂蚁们扔下碎块后又从鼻孔钻进去，形成了一个不停循环的大圈……

达达斯皇帝的梦并非完全没有根据，此时，真的有两只蚂蚁正在钻进它的鼻孔。这两只兵蚁在白天就潜入了它的卧室，藏在枕头下等待机会。在鼻孔呼吸大风的呼啸声中，它们很有经验地在纵横交错的鼻毛丛林间悬浮着行走，以免触发恐龙打喷嚏。它们很快通过了鼻腔，沿着以前在无数次手术中早已熟悉的道路来到了眼球后面。蚂蚁们顺着半透明的视觉神经前行，向着大脑进发。有时，薄薄的隔膜挡住了通路，它们就在上面咬出洞穿过它，那洞极小，恐龙感觉不到。两只蚂蚁终于到达了大脑，大脑静静地悬浮于脑液中，像一个神秘的独立生命体。蚂蚁们仔细地寻找着，很快找到了那根粗大的脑血管，它是供应大脑血液的主要通道。一只蚂蚁打开了微小的头灯，很快找到了大脑的主血管，另一只蚂蚁把一片黄色的雷粒贴在血管透明的外壁上。然后它们从大脑中撤出，在潮湿黑暗的头颅中沿着另一条曲折的道路向斜下方爬行，很快到达耳部。来到耳膜前，有一丝亮光从半透明的耳膜透进来，经过耳蜗放大的外界微小的声音在耳膜上轰轰作响。两只蚂蚁开始在耳膜下安装窃听器。

达达斯皇帝的噩梦还在继续，梦中自己的内脏已被完全掏空，有更多的蚂蚁钻了进去，要用自己的身体当蚁穴……当它一身冷汗地醒过来时，那两只蚂蚁已经完成了任务，无声无息地从鼻孔中爬出来，爬下床，从地板上撤出了卧室。

达达斯皇帝沉重地翻了个身，再次进入了仍然被噩梦困扰的睡眠。

海神和明月

在蚂蚁联邦统帅部，最高执政官卡奇卡和联邦军队总司令若列元帅正在指挥着毁灭恐龙世界的巨大行动。有两个大屏幕分别显示着“断线行动”和“断脑行动”的进展情况。

“看起来一切顺利。”若列对卡奇卡说。

这时，联邦首席科学家乔耶走了进来。卡奇卡对它打招呼说：“啊，乔耶博士，有一个星期没看见您了！一直在忙着分析窃听到的信息吗？看您那严肃的样子，好像真有什么惊人的秘密要告诉我们？”

乔耶点点触角：“是的，我必须立刻和你们两位谈谈。”

“我们很忙，请您简短一些。”

“我想让二位听一段录音，这是在昨天召开的冈瓦纳帝国和罗拉西亚共和国首脑会议上，我们窃听到的达达斯和多多米的对话。”

卡奇卡不耐烦地说：“这次会议有什么秘密可言？我们都知道两国在裁减核武器问题上又谈崩了，冈瓦纳和罗拉西亚之间的战争一触即发，这更证明了我们行动的正确性，必须在恐龙世界的核大战爆发之前消灭它们。”

乔耶说：“您说的是新闻公告，而我要你们听的是它们秘密进行的会谈的细节，这中间，透露出一件我们以前不知道的事。”

录音开始播放。

……

多多米：“达达斯陛下，您真的认为蚂蚁会那么容易屈服吗？几乎可以肯定，它们回到恐龙世界复工只是缓兵之计，蚂蚁联邦一定在策划着针对恐龙世界的重大阴谋。”

达达斯：“多多米总统，您以为我会愚蠢到连这么明显的事实都看不出来吗？但与罗拉西亚的‘明月’进入负计时的事相比，蚂蚁的威胁，甚至你们的核威胁，都变得微不足道了。”

多多米：“是的是的，比起蚂蚁的威胁和核战争的危险，‘明月’和‘海神’当然是地球文明更大的威胁，那我们就先谈这个问题吧：在‘明月’的事情上指责我们是不恰当的，是‘海神’首先进入了负计时！”

……

“停停停，”卡奇卡挥挥触角说，“博士，我听不明白它们在说什么。”

乔耶暂停了录音机后说：“这段对话中有两个重要信息：它们提到的‘明月’和‘海神’是什么？负计时又是什么？”

“博士，恐龙高层领导者的谈话中常常出现各种古怪的代号，您干吗要在这上面疑神疑鬼？”

“从它们的谈话中可以听出，这是很危险的两样东西，能够对整个地球世界构成威胁。”

“从逻辑上说这是不可能的。博士，能够对整个地球构成威胁的东西一定是一个很大的设施，这样的设施如果存在，蚂蚁联邦不可能不知道。”

“执政官，我同意您的看法，地球上不可能有大的设施能瞒过蚂蚁而存在。但简单的规模较小的设施却有可能，它不需要蚂蚁的维护就能正常运行，比如一颗单独的洲际导弹，就可以在没有蚂蚁参与的情况下长期待命并可以随时发射。也许，‘明月’和‘海神’

就是类似这样的东西。”

“要是这样就不必担心了，这种小设施是不可能对整个地球构成威胁的。我曾说过，即使能量最高的热核炸弹，要想毁灭地球也需要上万枚。”

乔耶有几秒钟没有说话，然后它把头凑近卡奇卡，它们触角交错，眼睛几乎撞在一起：“这就是问题的关键了，执政官，核弹真的是目前地球上能量最高的武器吗？”

“博士，这是常识啊！”

乔耶缩回头来，点点触角：“不错，是常识，这就是蚂蚁思维致命的缺陷。我们的思想只局限于常识，而恐龙则在时时盯着未知的新领域。”

“那都是些与现实无关的纯科学领域。”

“那我就提醒你们一件与现实有关的事，还记得3年前夜空中突然出现的那个新太阳吗？”

卡奇卡和若列当然记得，那件亘古未有的事给它们的印象太深了。那是一个寒冷的冬夜，南半球的天空中突然出现了一个新太阳，世界在瞬间变成白昼。那太阳的光芒十分强烈，直视它会导致暂时的失明。那个太阳大约亮了20秒钟就熄灭了，它辐射的热量使那个严冬之夜变得像夏天般闷热，突然融化的积雪产生的洪水淹没了好几座城市。这件事令蚂蚁们很震惊，它们去问恐龙是怎么回事，但恐龙科学家们也没有给出任何解释，缺乏好奇心的蚂蚁很快就把这件事忘了。

“当时，蚂蚁所进行的观测得到的唯一能确定的结果是：那个新太阳出现在太阳系内，距地球约一个天文单位。”

卡奇卡仍不以为然：“博士，您所提到的事情仍然与现实无关，就算那种能量真的存在，您也无法证明恐龙已经把它弄到地球上来了，事实上这种可能性几乎不存在。”

“我以前也是这么想的，但……请你们接着听下面的录音吧。”乔耶说着，又启动了录音机。

……

达达斯：“我们这场游戏太危险了，危险得超出了可以忍受的上限，罗拉西亚应该立刻停止‘明月’的负计时，或至少将其改为正计时，如果这样，冈瓦纳也会跟着做的。”

多多米：“应该是冈瓦纳首先停止‘海神’的负计时，如果这样，罗拉西亚也会跟着做的。”

达达斯：“是罗拉西亚首先启动‘明月’的负计时的！”

多多米：“可是，陛下，在更早一些的时候，也就是3年前的12月4日，如果冈瓦纳的飞船没有在太空中做那件事，‘明月’和‘海神’根本就不会存在！那样的话，那个魔鬼早已沿着彗星轨道飞出太阳系，与地球无关了！”

达达斯：“那是为了科学研究的需要……”

多多米：“够了！到现在您还在重复这种无耻的谎言！是冈瓦纳帝国把地球文明推到了悬崖，你们这些罪犯没有资格对罗拉西亚提出任何要求！”

达达斯："看来罗拉西亚共和国是不打算首先做出让步了？"

多多米："冈瓦纳帝国打算吗？"

达达斯："那好吧，看来我们都不在乎地球的毁灭。"

多多米："如果你们不在乎，我们也不在乎。"

达达斯："呵呵，好的好的，恐龙本来就是对什么都不在乎的种族。"

……

乔耶停止了播放，问卡奇卡和若列："我想，二位已经注意到了对话中提到的那个日期。"

"3年前的12月4日？"若列回忆着，"就是那个新太阳出现的日子。"

"是的，把所有这一切联系起来，不知你们有什么感觉，但我感到毛骨悚然。"

卡奇卡说："我们不反对您尽力搞清这件事。"

乔耶叹了口气："谈何容易！搞清这个秘密的最好办法，是到恐龙的军事网络中查询，但蚂蚁的计算机与恐龙的计算机在结构上完全不同，虽然我们能够随意进入恐龙计算机的硬件部分，但无法从软件上入侵，否则，怎么会用窃听这样的笨办法来搜集情报呢？通过这种方式，在短时间内揭开这个秘密是不可能的。"

"好吧，博士，我会提供您开展这项调查所需要的力量，但这件事不能影响我们正在进行的对恐龙的全面战争，现在唯一令我毛骨悚然的事就是让恐龙帝国继续存在下去。我觉得您一直生活在幻觉中，这对联邦正在从事的伟大事业是不利的。”

乔耶没再说什么，转身走了。第二天他就失踪了。

恐龙世界的毁灭

两只兵蚁悄悄地从冈瓦纳帝国皇宫大门的底缝中爬出，它们是负责在皇宫的计算机系统和恐龙的头颅中布设雷粒的3000只蚂蚁中最后撤出的两只。爬出门缝后，它们开始爬下那高大的台阶，就在第一级台阶笔直的悬崖上，它们看到了一个向上爬的蚂蚁的身影。

“咦，那不是乔耶博士吗？”一只兵蚁吃惊地对另一只说。

“联邦首席科学家？不错，是它！”

“它怎么会到这里来？我怎么看它怪怪的？”一只兵蚁看着乔耶爬进门缝后说。

“事情有些不对，你的对讲机呢？快向长官报告！”

达达斯皇帝正在主持一个由帝国主要大臣参加的会议，一个秘书走进来通报：蚂蚁联邦首席科学家乔耶博士紧急求见皇帝。

“让它等一等，开完会再说。”达达斯一挥爪说。

秘书出去不长时间又回来了：“它说有极其重要的事情，坚持要立即见您，并且要求国务大臣、科学大臣和帝国军队总司令也在场。”

“可恶，这个小虫虫怎么这么没礼貌？让它等着，要不就回去！”

“可它……”秘书看了看在座的大臣们，附到皇帝耳边低声说，“它说自己已从蚂蚁联邦叛逃。”

国务大臣巴巴特插话说：“乔耶是蚂蚁联邦领导层的重要成员，它的思维方式似乎与其他蚂蚁不太一样，它这样做，可能真有什么紧急重要的事。”

“那好，让它到这里来吧。”达达斯指指会议桌宽大的桌面说。

“我为拯救地球而来。”乔耶站在会议桌光滑的平原上，对周围高山似的恐龙说。翻译器把它的气味语言译成恐龙语，由一个看不见的扩音器播放出来。

“哼，好大的口气，地球现在很好嘛。”达达斯冷笑了一声说。

“您很快就不这么认为了。我首先要各位回答一个问题：‘明月’和‘海神’是什么？”

恐龙们顿时警觉起来，互相交换着目光，乔耶周围的“高山”一时陷入沉默。过了好一会儿，达达斯才反问：“我们凭什么要告诉你呢？”

“陛下，如果它们真是我预料的那种东西，我也会向你们透露一个关系到恐龙世界生死存亡的超级秘密，你们会认为这种交换是值得的。”

“如果它们不是你预料的那种东西呢？”达达斯阴沉地问。

“那我就不会告诉你们那个超级秘密，你们也可以杀死我或者永远不让我离开这里，以保住你们的秘密。不管怎样，大家都没有什么损失。”

达达斯沉默了几秒钟，对坐在会议桌左边的帝国科学大臣尼尼坎点点头：“告诉它。”

在蚂蚁联邦统帅部，若列元帅放下电话，神色严峻地对卡奇卡执政官说：“已经发现了乔耶的行踪，看来我们的预测是对的，这家伙叛逃了。”

“雷粒的布设行动进行得怎么样了？”

“‘断线行动’已完成了92%，‘断脑行动’也已完成了90%。”

卡奇卡转向显示着世界地图的大屏幕，看着闪烁着五光十色的各个大陆，沉默了几秒钟后，说：“让地球的历史翻开新的一页吧，10分钟后引爆！”

听完了几位恐龙大臣的叙述，震惊使乔耶头昏目眩，一时站立不稳，更说不出话来。

“怎么样，博士？您是否可以按照刚才的承诺，告诉我们您的那个秘密？”达达斯问。

乔耶如梦初醒：“这太……太可怕了！你们简直是魔鬼！不过，蚂蚁也是魔鬼……快，立刻给蚂蚁联邦最高执政官去电话！”

“您还没有回答……”

“陛下,没有时间公布什么秘密了！它们已经知道我到这里来，随时都会提前行动，恐龙世界的毁灭已是千钧一发，整个地球的毁灭将紧跟其后！相信我吧，快打电话！快！”

“好吧。”达达斯皇帝拿起会议桌上的电话。乔耶心急如焚地看着它的粗指头一个一个地按动着电话机上那些硕大的按键，随后从达达斯爪中的话筒中隐约听到了接通的信号声，几秒钟后信号声停止，乔耶知道卡奇卡已在另一端拿起了那小如米粒的电话，话筒中很快传来了它的声音：

“喂，谁呀？”

达达斯对着话筒说：“是卡奇卡执政官吗？我是达达斯，现在……”

正在这时，乔耶听到周围响起了一阵细微的咔嗒声，像是许多钟表的秒针同时走动了一下，它知道，这是从恐龙们的头颅中传出的雷粒的爆炸声。所有的恐龙同时僵住了，这一刻的现实像被定格。达达斯爪中的话筒重重地摔在距离乔耶不远处的桌面上，发出一声惊天动地的巨响，然后，所有的恐龙都轰然倒下，桌面平原晃动了几下。那些恐龙高山消失后，地平线处显得空旷了。乔耶爬上电话的耳机，里面仍在传出卡奇卡的声音：

“喂，我是卡奇卡，您有什么事吗？喂……”

耳机的音膜在这声音中振动着，使站在上面的乔耶浑身发麻，它大喊：“执政官！我是乔耶！”与刚才不同，它发出的气味语言没有被转化成声音，因而也无法被线路另一端的卡奇卡听到，皇宫的翻译系统已经被雷粒破坏了。

乔耶没有再说话，它知道说什么都晚了。

接着，大厅内所有的灯都灭了，这时已是傍晚，这里的一切都陷入昏暗之中。乔耶向着最近的一个窗子爬去，远处城市交通的喧哗消失了，一切都陷入一片死寂之中，很像刚才恐龙倒下前的僵滞状态。当乔耶越过会议桌的边缘向下爬时，外面开始有种种不和谐的声音传进来：先是远远的恐龙的跑动声和惊叫声，乔耶知道这声音来自皇宫外面，因为皇宫内肯定已经没有活着的恐龙了，它们都死于自己头颅中的雷粒；然后，远处的城市有警报声，断断续续地持续了不长时间就消失了；当乔耶在地板上向着窗子爬过一半路程时，远处开始传来隐约的爆炸声。它终于爬上了窗子，向外看去，巨石城尽收眼底，傍晚的城市笼罩在一片黑暗中，可以看到几根细长的烟柱升上还没完全黑下来的天空，后来更多的烟柱出现了，在某些烟柱的根部出现了火光，城市的轮廓在火光中时隐时现。起火点越来越多，火光透过窗子，在乔耶身后高高的天花板上映出跳动的暗红色光影。

终极威慑

“我们成功了！”若列元帅看着大屏幕上红光闪烁的世界地图兴奋地喊道，“恐龙世界已彻底瘫痪，它们的信息系统已经完全中断，所有的城市都已断电，被雷粒破坏的车辆已堵死了所有的道路，火灾正在到处出现和蔓延。‘断脑行动’已经消灭了400多万恐龙世界的重要领导成员，冈瓦纳帝国和罗拉西亚共和国的首脑机构已不存在，这两个恐龙大国已陷入没有大脑的休克状态，整个社会一片混乱。”

“这还只是开始，”卡奇卡说，“所有的恐龙城市已经断水，存粮也将很快被这些食量很大的居民吃光，那时候，真正致命的时刻才到来。大批恐龙将弃城而出，在没有交通工具和道路堵塞的情况下，它们不可能在短时间内真正疏散开来，它们的食量太大了，至少有一半的恐龙将在找到足够的食物之前饿死。其实，在恐龙弃城之际，它们的技术社会就已经彻底崩溃，恐龙世界已退回到低技术的农业时代了。”

“两个大国的核武器系统怎么样了？”有蚂蚁问。

若列回答：“正如我们预料的那样，恐龙的所有核武器，包括洲际导弹和战略轰炸机,都在我们大量雷粒的破坏下成了一堆废铁，没有发生任何意外的核事故或核污染。”

“好极了，这真是一个伟大的时刻，我们只需等待恐龙世界自行灭亡就可以了！”卡奇卡兴高采烈地说。

正在这时，有蚂蚁报告，说乔耶博士回来了，急着要见卡奇卡和若列。当疲惫不堪的首席科学家走进指挥中心时，卡奇卡愤怒地斥责道：

“博士，你在最关键的时刻背叛了蚂蚁联邦的伟大事业，你将受到严厉的审判！”

“当你们听完我已得知的一切时，就明白到底谁该受到审判了。”乔耶冷冷地说。

“你到冈瓦纳皇帝那里去干什么了？”若列问。

“我从它那里知道了‘明月’和‘海神’到底是什么。”

博士的这句话使蚂蚁们亢奋的情绪顿时冷静了下来，它们专注地把目光集中在乔耶身上。

乔耶看看四周问：“首先，这里有没有谁知道反物质是什么？”

蚂蚁们沉默了一会儿，卡奇卡说：“我知道一些。反物质是恐龙物理学家们猜想中的一种物质，它的原子中的粒子电荷与我们世界中的物质相反。反物质一旦与我们世界的正物质相接触，双方的质量就会全部转化为能量。”

乔耶点点触角说：“现在大家知道有比核武器更厉害的东西了，在同样的质量下，正反物质湮灭产生的能量要比核弹大几千倍！”

“但这和那神秘的‘明月’‘海神’有什么关系？”

“请听我接着说。还记得3年前那个在南半球的夜间突然出现的新太阳吗？那次闪光是从一个沿彗星轨道进入太阳系的小天体上发出的，那个天体直径还不到30千米，只是飘浮在太空中的一个小石块。但它是由反物质构成的！在它经过小行星带时，与一块陨石相撞，陨石与反物质发生湮灭，爆发出巨大的能量，产生了那次闪光。当时，冈瓦纳和罗拉西亚都发射了探测器，都得到了同样的结果。这次湮灭产生了许多大大小小的反物质碎片，这些碎片都飞散到太空之中。恐龙天文学家很快定位了几块碎片，这并不是很困难，因为在小行星带以内，太阳风中的正粒子会与反物质产生湮灭，使那些碎片表面发出一种特殊的光。那时正值冈瓦纳和罗拉西亚军备竞赛的高峰期，于是，两个恐龙大国同时产生了一个极其疯狂的想法：

采集一些反物质碎片带回地球，作为一种威力远在核弹之上的超级武器威慑对方……”

“等等，等等，”卡奇卡打断了乔耶的话，“这里有一个明显的逻辑错误：既然反物质与正物质接触后会发生湮灭，那它们是用什么容器来存贮它，并把它带回地球的呢？”

乔耶接着说：“恐龙天文学家发现，那个反物质天体的相当大一部分是反物质铁，它们在太空中定位的碎片也都是反物质铁。反物质铁与我们世界的铁一样，能受到磁场的作用，这就为解决存贮问题提供了可能，这使得恐龙有可能制造一种容器，容器的内部为真空，并产生一个强大的约束磁场，能把要存贮的反物质牢牢约束在容器的正中，避免它与容器的内壁相接触，这样就可以对反物质进行存贮，并能够将它运送或投放到任何地方。当然，这种想法最初只是一种理论上的可能，要想用这种容器将反物质带回地球，则是一个极其疯狂和危险的举动，但疯狂是恐龙的本性，称霸世界的欲望战胜了一切，它们真的那么做了！”

“是冈瓦纳帝国首先走出了这通向地狱的一步。它们设计并制造了磁约束容器，它是一个空心球，在采集反物质碎片时，这个空心球分成两个半球，分别固定在飞船的两只机械臂上，飞船缓慢地接近反物质碎片，机械臂举着两个半球极其小心地向碎片合拢，最后将碎片扣在空心球中。在两个半球合拢的同时，球内由超导体产生的约束磁场开始工作，将碎片约束在球体正中，然后，飞船就将这个球体带回了地球。”

“冈瓦纳飞船载着球体容器进入地球大气层，那块碎片重达45吨，如果在大气层内湮灭，将使90吨的正反物质在大气层内转化为纯能，这巨大的能量将毁灭地球上的一切生命。罗拉西亚恐龙当然不想与冈瓦纳帝国同归于尽，所以，它们眼巴巴地看着那艘飞船降落在海面上。”

“接下来发生的事情使疯狂达到了巅峰：冈瓦纳飞船降落后，在海上将那个球体容器转载到一艘大货轮上，这艘船叫‘海神’号，以后恐龙也就将它所运载的反物质碎片称为‘海神’了。这艘大船不是驶回冈瓦纳，而是驶向罗拉西亚大陆，最后停泊在了罗拉西亚最大的港口上！在整个航程中，罗拉西亚不敢对这艘毁灭之船进行任何拦截，只能听之任之，这艘船进入港口如入无龙之境。‘海神’号停泊后，船上的恐龙乘直升机返回冈瓦纳，把船遗弃在港口。罗拉西亚恐龙对‘海神’号敬若神明，不敢对它有任何轻举妄动，因为它们知道，冈瓦纳帝国可以遥控球体容器，随时关闭容器内的约束磁场，使那块反物质与容器接触而发生湮灭。如果这事发生，整个世界的毁灭在所难免，但最先毁灭的是罗拉西亚大陆，大陆上的一切将在海岸出现的一轮‘死亡太阳’的烈焰中瞬间化为灰烬。那真是罗拉西亚共和国最黑暗的日子，而冈瓦纳帝国手握地球的生命之弦，变得无比猖狂，不断地向罗拉西亚提出领土要求，并命令其解除核武装。”

“但这种一边倒的局面并没有持续多久，在距离冈瓦纳的‘海神行动’后仅一个月，罗拉西亚就采取了同样的行动，用同样的技术从太空中将第二块反物质碎片带回地球，并做了与冈瓦纳帝国同样的事：将其装载到一艘叫‘明月’号的货轮上，运到了冈瓦纳大陆最大的港口。”

“于是，恐龙世界再次形成了平衡，这是终极威慑下的平衡，地球已被推到了毁灭的边缘。”

“为了避免世界性的恐慌，‘海神行动’和‘明月行动’都是在绝密状态下进行的，即使在恐龙世界，也只有极少数的恐龙知道。这两个行动都使用了不惜成本的高可靠性设备，同时使用可替换的模块结构，因为系统的规模不大，所以完全不需要蚂蚁的维护，这就导致了蚂蚁联邦至今对此一无所知。”

乔耶的叙述使统帅部所有的蚂蚁都极为震惊，它们从胜利的巅峰一下子跌入了恐惧的深渊。卡奇卡说：“这不只是疯狂，是变态！这样以整个世界共同毁灭为代价的终极威慑，已完全失去了任何政治意义和军事意义，这是彻底的变态！”

“博士，这就是您所推崇的恐龙的好奇心、想象力和创造力产生的结果。”若列元帅讥讽地说。

“别扯远了，还是回到世界面临的极度危险中来吧。”乔耶说，“我要谈到两个恐龙大国元首曾提到的‘负计时’了。为了避免在对方这种先发制龙的打击下无还手之力，两个恐龙大国几乎同时对‘海神’和‘明月’采取了一种新的待命方式，这就是所谓‘负计时’。这以后，本土遥控站不再用于对反物质容器发出引爆信号，相反，它发出的是解除引爆的信号；而球形容器则每时每刻都处于引爆倒计时状态，只有在收到本土遥控站的解除信号后，它才中断本次倒计时，重新复位，从零开始新的一轮倒计时，并等待着下一次的解除信号。每次的解除信号由冈瓦纳皇帝和罗拉西亚总统亲自发出。这样，当某一方遭受对方先发制人的打击而陷入瘫痪后，解除信号就无法发出，球形容器就会完成倒计时引爆反物质。这种待命方式使先发制龙的打击等于自杀，使得敌对方的存在成为自己存在的必要条件，同时，也使地球面临的危险上升了一个等级。‘负计时’是这场终极威慑中最为疯狂，或用执政官的话说，最为变态的部分。”

统帅部再次陷入死寂之中。卡奇卡首先打破沉寂，它的气味语言发出的声音有些颤抖：“这就是说，‘海神’和‘明月’现在都在等待着下一个解除信号？”

乔耶点点触角：“也许是两个永远不会发出的信号。”

“您是说，冈瓦纳和罗拉西亚的遥控站已经被我们的雷粒破坏了？”若列问。

“是的。达达斯告诉了我冈瓦纳遥控站的位置，也告诉了我他们侦察到的罗拉西亚遥控站的位置。我回来后在‘断线行动’的数据库中查询，发现这是两个很小的信号发射站，由于其用途不明，我们只在其中的通信设备里布设了很少的雷粒——在冈瓦纳遥控站中布设了 35 片，在罗拉西亚遥控站中布设了 26 片，总共切断了 61 根导线。虽然数量不多，但足以使这两个遥控站的信号发射设备完全失效。”

“每次倒计时有多长时间？”

“66个小时，冈瓦纳和罗拉西亚的倒计时几乎是同时开始的。一般解除信号是在倒计时开始后的22小时发出的，这次倒计时已过去20小时，我们还有不到两天的时间。”

若列说：“如果我们知道解除信号的具体内容，就能够自己建立一个发射台，不停地中断‘海神’和‘明月’的倒计时了。”

“问题是我们不知道，也不可能知道！恐龙没有告诉我信号的内容，只是说那个信号是一个十分复杂的长密码，每次都在变化，其算法只存贮在遥控站的计算机中，我想现在已没有恐龙知道了。”

“这就是说，只有这两个遥控站能够发出解除信号了？”

“我想是这样。”

卡奇卡迅速思考了一下说：“我们能够做的，就是尽快修复它们了。”

遥控站战役

冈瓦纳帝国发射解除信号的遥控站位于巨石城远郊的一片荒漠之中。这是一幢顶端有复杂天线的不大的建筑，看上去像个气象站似的毫不起眼。遥控站的守卫很松懈，只有一个排的恐龙在把守，而这些守卫主要是为了防止偶尔路过的本国恐龙无意中闯入，并不担心敌国的间谍和破坏分子。因为，比起冈瓦纳来，罗拉西亚更愿意保证这个地方的安全。

除去守卫者外，负责遥控站日常工作的只有五头恐龙，包括一名工程师、三名操作员和一名维修技师。它们同守卫一样，对这个站的用途全然不知。

遥控站的控制室里有一个大屏幕，上面显示着一个倒计时，从66小时开始递减。但这个倒计时从未减到过44小时以下，每到这个时间（通常是早晨），另一个空着的屏幕上就会出现帝国皇帝达达斯的影像，皇帝每次只说一句简短的话：

“我命令，发信号。”

这时，值班操作员就会立正回答：“是！陛下！”然后移动操作台上的鼠标，点击一下计算机屏幕上的“发射”图标，大屏幕上就会显示出如下信息：

解除信号已发出——收到本次解除成功的回复信号——倒计时重置。

然后，屏幕上重新显示出“66：00”的数字，并开始递减。

在另一个屏幕上，皇帝很专注地看着这一切的进行，直到重置的倒计时开始，它才松了一口气离开。从皇帝关注信号发出的眼神可以看出，这个信号极其重要，但这些普通恐龙操作员无论如何也不可能想到，这个信号每天都推迟了一次地球的死刑。

这一天，两年如一日的平静生活中断了，信号发射机出了故障。遥控站配备的是高可靠性设备，且有冗余备份，像这样包括备份系统在内的整个设备都因故障停机，肯定不是自然或偶然因素所致。工程师和技师立刻查找故障，很快发现有几根导线断了，而那些导线只有蚂蚁才能接上。于是，它们立刻向上级打电话，请求派蚂蚁维修工来，这才发现电话也已打不通了。它们继续查找故障，发现了更多的断线，而这时，距皇帝命令发信号的时间已经很近了。恐龙们只好自己动手接线，但它们的粗爪很难接上那些细线，五头恐龙心急如焚。虽然电话不通，但它们相信通信很快就会恢复，当倒计时减到 44 小时，皇帝一定会出现在那个屏幕上。两年来，在恐龙们的意识中，皇帝的出现如同太阳升起一般成了雷打不动的规律。但今天，太阳虽升起了，皇帝却没有出现，倒计时的时钟数码第一次减到了 44 以下，且还在以同样恒定的速度继续减少着。

后来恐龙们才知道，不可能再指望蚂蚁了，因为发射机就是它们破坏的。从巨石城逃出来的恐龙开始经过这里，从那些惊魂未定的恐龙那里，遥控站的恐龙们知道了首都的情况，知道了蚂蚁们已经用雷粒破坏了恐龙帝国所有的机器，恐龙世界已经陷入瘫痪。

但在遥控站工作的都是尽职尽责的恐龙，它们继续试图接上已断的导线。但这是一项不可能完成的任务，机器中大部分断线所在的地方，恐龙粗大的爪子根本伸不进去，那几根露在外面的断线的线头在它们那粗笨的手指间跳来跳去，就是凑不到一起。

“唉，这些该死的蚂蚁！”恐龙技师揉揉发酸的双眼，骂了一声。

这时，工程师瞪大了双眼，它真的看到了蚂蚁！那是由百只左右的蚂蚁组成的小队伍，正在操作台白色的台面上急速行进，领队的蚂蚁对着恐龙高喊：

“喂，我们是来帮你们修机器的！我们是来帮你们接线的！我们是来……”

恐龙这时没有打开气味语言翻译器，因而也听不到蚂蚁的话。就算听到了，它们也不会相信，对蚂蚁的仇恨此时占据了它们的整个心灵。恐龙们用它们的爪子对控制台上蚂蚁所在的位置拍着、碾着，嘴里咬牙切齿地嘟囔着：“让你们放雷粒！让你们破坏机器……”白色的台面上很快出现了一片小小的污迹，这些蚂蚁都被碾碎了。

“报告执政官，遥控站内的恐龙攻击蚂蚁维修队，把它们消灭在控制台上了！”在距遥控站 50 米远的一棵小草下，从遥控站中侥幸逃回来的一只蚂蚁对卡奇卡说。蚂蚁联邦统帅部的大部分成员都在这里。

“执政官，我们必须设法与遥控站的恐龙交流，说明我们的来意！”乔耶说。

“怎么交流？它们不听我们说话，根本就不打开翻译器！”

“能不能打电话试试？”有蚂蚁建议。

“早试过了，恐龙的整个通信系统已被破坏，与蚂蚁联邦的电话网完全断开了，电话根本打不通！”

若列说："大家应该知道蚂蚁的一项古老的技艺，在蒸汽机时代之前的漫长岁月，祖先用队列排出字来与恐龙交流。"

"目前这里已集结了多少部队？"

"10个陆军师，大约15万只蚂蚁。"

"这能排出多少个字来呢？"

"这要看字的大小了，为了让恐龙在一定的距离也能看清，最多也就是十几个字吧。"

"好吧，"卡奇卡想了一下，"就排出以下的字句：我们来帮你们修机器，这台机器能拯救世界。"

"蚂蚁又来了！这次好多耶！"

在遥控站的门前，恐龙士兵们看到有一个蚂蚁方阵正在向这里逼近，方阵三四米见方，随着地面的凸凹起伏，像一面在地上飘动的黑色旗帜。

"它们要攻击我们吗？"

"不像，这队形好奇怪。"

蚂蚁方阵渐渐近了，一头眼尖的恐龙惊叫起来："哇，那里面有字耶！"

另一头恐龙一字一顿地念着："我、们、来、帮、你、们、修、机、器，这、台、机、器、能、拯、救、世、界。"

"听说在古代，蚂蚁就是这样与我们的祖先交流的，现在亲眼看见了！"有头恐龙赞叹说。

“胡闹！”少尉一摆爪子说，“不要中它们的诡计，去，把热水器中所有的热水都倒到盆里端来。”

恐龙士兵们七嘴八舌地议论起来：“它们的话太奇怪了，这台机器怎么能拯救世界呢？”“谁的世界？我们的还是它们的？”“这台机器发出的信号想必是很重要的。”“是啊，要不为什么每天都由皇帝亲自下命令发出呢？”

“蠢到家了！”少尉训斥道，“到现在你们还相信蚂蚁？！就因为我们对它们的轻信，才让它们摧毁了帝国！它们是地球上最卑鄙、最阴险的虫虫，我们决不再上它们的当了！快，去倒热水！”

很快，恐龙士兵们搬出了五大盆热水，每个士兵各端一盆，一字排开向蚂蚁方阵走去，同时把热水泼向方阵。滚烫的水花在弥漫的蒸汽中飞溅，地上的那行黑色字迹被冲散了，字阵中的蚂蚁被烫死了大半。

“与恐龙交流已不可能，现在唯一的选择，就是强攻遥控站，将其占领后修好机器，我们自己发出解除信号。”卡奇卡看着远处腾起的蒸气说。

“蚂蚁强攻恐龙的建筑？”若列像不认识似的看着卡奇卡，“这在军事上简直是发疯！”

“没办法，这本来就是一个疯狂的世界。这个建筑规模不大，且处于孤立状态，短时间内得不到增援，我们集结可能集结的最大力量，是有可能攻下它的！”

“看远处那是些什么？好像是蚂蚁的超级行走车！”

听到哨兵的喊声，少尉举起望远镜，看到远方的荒原上果然有一长排黑色的东西在移动，再细看，那确实是哨兵所说的东西。蚂蚁的交通工具一般都很小，但出于军事方面的特殊需要，它们也造出了一些与它们的身体相比极其巨大的车辆，这就是超级行走车。每辆这样的车约有我们的三轮车大小，这在蚂蚁的眼中无疑是庞然大物，与我们眼中的万吨巨轮一样。超级行走车没有轮子，而是仿照蚂蚁用六条机械腿行走，所以能够快速穿越复杂的地形。每辆超级行走车可以搭载几十万只蚂蚁。

"开枪，打那些车！"少尉命令。恐龙士兵用它们仅有的一挺轻机枪向远处的行走车射击，一排子弹在沙地上激起道道尘柱。走在最前面的那辆车的一条前腿被打断了，一下子翻倒在地，剩下的五条机械腿仍在不停地挥动着。从打开的侧盖的车厢里滚出许多黑色的圆球，每一个有我们的足球那么大，那是一团团的蚂蚁！这些黑球滚到地面后很快散开来，就像在水中溶化的咖啡块一样。又有两辆行走车被击中停了下来，穿透车厢的子弹并不能杀死多少蚂蚁，黑色的蚁团纷纷从车厢中滚落到地面。

"唉，要是有门炮就好了！"一名恐龙士兵说。

"是啊，有手榴弹也行啊。"

"火焰喷射器最管用！"

"好了，不要废话了，你们数数有多少辆行走车！"少尉放下望远镜，指着前方说。

"天啊，足有二三百辆啊！"

“我看蚂蚁联邦在冈瓦纳大陆的超级行走车都开到这里了。”

“这就是说，这里集结了上亿只蚂蚁！”少尉说，“可以肯定，蚂蚁要强攻遥控站了！”

“少尉，我们冲过去，捣毁那些虫虫车！”

“不行，我们的机枪和步枪对它们没有多少杀伤力。”

“我们还有发电用的汽油，冲过去烧它们！”

少尉冷静地摇摇头：“那也只能烧掉一部分。我们的首要任务是保卫遥控站，下面，听我的安排……”

“执政官，元帅，前方空军观察机报告，恐龙们正在挖壕沟，以遥控站为圆心挖了两圈壕沟。它们正在引来附近一条小河的水灌满外圈壕沟，还搬出了几个大油桶，向内圈的壕沟中倒汽油！”

“立刻发起进攻！”

蚁群开始向遥控站移动，黑压压一片，仿佛是空中的云层在大地上投下的阴影。这景象让遥控站中的恐龙们胆战心惊。

蚁群的前锋到达已经注满水的第一道壕沟边，最前边的蚂蚁没有停留，直接爬进了水中，后面的蚂蚁踏着它们的身体爬进稍靠前些的水中，很快，水面上形成了一层厚厚的黑色浮膜，这浮膜在迅速地向水壕的内侧扩展。恐龙士兵们都戴上了密封头盔以防蚂蚁钻进体内，它们在水壕的内侧用铁锹向蚁群撒土，还大盆大盆地泼热水，但这些作用都不大，那层黑色浮膜很快覆盖了整个水面，蚁群踏着浮膜如黑色的洪水般涌了过来，恐龙们只得撤到第二道壕沟之内，并点燃了壕沟中的汽油。一圈熊熊烈火将遥控站围了起来。

蚁群到达火沟后，在沟边堆叠起来，形成了一道蚁坝。蚁坝不断增高，最后高达两米多，在火沟外面形成一堵黑色的墙。接着，蚁坝整体开始向火沟移动，它的表面在火光中蠕动着，仿佛是一条黑色的巨蟒。在烈火的烘烤中，蚁坝的表面冒出了青烟，空气中充满了刺鼻的焦味，蚁坝表面被烤焦的蚂蚁不停地滚落下去，掉进火沟烧着了，在火沟的外缘形成了一圈奇异的绿火。蚁坝的表面则不断地被一层新蚂蚁代替，整个蚁坝仍坚定地站立在火沟边上。这时，大批蚂蚁从蚁坝的另一侧登上顶端，聚成了一个个黑色的大蚁球，其大小与一小时前从超级行走车上滚下的那些相当，每个蚁球包含了一个师的蚂蚁兵力。这些黑色的球体从蚁坝的顶端滚下去，有一些被大火吞没了，但大部分借着冲力滚过了火沟，到达沟的另一侧。在穿越烈火的过程中，这些蚁球的外层都被烧焦了，但那无数只蚂蚁仍互相紧抓着不放，在蚁球外面形成了一层焦壳，保护了内层的蚂蚁。滚到火沟对岸的蚁球很快达到了上千个，它们外部的焦壳很快裂开，球体分散成蚁群，黑压压地涌上遥控站的台阶。

守卫遥控站的恐龙士兵们的精神完全崩溃了，它们不顾少尉的阻拦，夺门而出，绕到建筑物后面，沿着正在包围遥控站的蚁群尚未填充的一条通道狂奔而去。

蚁群涌入了遥控站的底层，然后涌上楼梯，进入控制室。同时，蚁群也爬上了建筑的外墙，由窗户进入，一时间这幢建筑的下半截变成了黑色的。

控制室中还有六头恐龙，它们是少尉、工程师、维修技师和三名操作员。它们惊恐地看着蚂蚁从门、窗和所有的缝隙进入这个房间，仿佛整幢建筑都被浸在蚂蚁之海中，黑色的海水正在从各处渗进来。它们看看窗外，发现这蚂蚁之海真的存在，目力所及之处，大地都被黑色的蚁群所覆盖，遥控站只是这蚂蚁海洋中的一个孤岛。

蚁群很快淹没了控制室的大部分地板，在控制台前留下了一个空圈，六头恐龙就站在空圈中。工程师赶紧取出翻译器，打开开关时立刻听到了一个声音：

“我是蚂蚁联邦的最高执政官,已没有时间向您详细说明一切，您只需要知道，如果遥控站不能在10分钟之内发出信号，地球将被毁灭。”

工程师向四周看看，黑压压的全是蚂蚁，按照翻译器上的方向指示,它看到控制台上有三只蚂蚁,刚才的话就是其中的一只说出的。它对那三只蚂蚁摇摇头：“发射机坏了。”

“我们的技工已经接好了所有的断线，修好了机器，请立即启动机器发信号！”

工程师再次摇头：“没电了。”

“你们不是有备用发电机吗？”

少尉说道：“是的，自从外部电力中断后，我们一直用汽油发电机供电，但现在没有油了，汽油都倒进外面的壕沟中点燃烧光了……世界真的会在10分钟后毁灭吗？”

翻译器中传出了卡奇卡的回答："如果发不出信号，是的！"

卡奇卡看看窗外，发现外面的火已经灭了，这证实了少尉的话，壕沟中也没有剩油了。它转身问若列："倒计时还剩多长时间？"

若列一直在看着表，它回答说："还剩5分钟30秒，执政官。"

乔耶说："刚刚接到电话，罗拉西亚那边已经失败了，守卫遥控站的恐龙在防御蚂蚁军队的进攻中炸毁了遥控站，对'明月'的解除信号已不可能发出，5分钟后它将引爆。"

若列平静地说："'海神'也一样，执政官，一切都完了。"

恐龙们并没有听明白这三位蚂蚁联邦的最高领导者在说什么，工程师说："我们可以到附近去找汽油，距这里5000米有一个村庄，快的话，20分钟就能回来。"

卡奇卡无力地挥了挥触角："去吧，你们都去吧，想去哪儿就去哪儿。"

六头恐龙鱼贯而出，工程师在门口停下脚步，问了刚才少尉问的同一个问题："几分钟后地球真的会毁灭吗？"

蚂蚁联邦的最高执政官对它做出了一个类似微笑的表情："工程师，什么东西都有毁灭的一天。"

"呵，我第一次听蚂蚁说出这么有哲学意味的话。"工程师说完，转身离去。

卡奇卡再次走到控制台的边缘，对地板上黑压压一片的蚂蚁军队说："迅速向全军将士传达我的话——遥控站附近的部队立刻到这幢建筑的地下室隐蔽，远处的部队就地寻找缝隙和孔洞藏身。蚂蚁联邦政府最后告诉全体公民的话是：世界末日到了，大家各自保重吧。”

“执政官，元帅，我们一起去地下室吧！”乔耶说。

“不，您快去吧，博士。我们犯了文明史上最大的错误，已没有资格再活下去了。”

“是的，博士，”若列说，“虽然不太可能，可还是希望您能把文明的火种保存下去。”

乔耶同卡奇卡和若列分别碰了碰触角，这是蚂蚁世界的最高礼仪，然后它转身混入了控制室中正在快速离去的蚁群。

蚂蚁军队离开后，控制室内一片宁静，卡奇卡向窗子爬去，若列跟着它。两只蚂蚁爬到窗前时，正好看到了一幅奇景：此时是夜色将尽的凌晨，天空中有一轮残月。突然，月牙的方向在瞬间转动了一个角度，同时亮度急剧增强，直到那银光变得如电弧般刺目，把大地上的一切，包括正在疏散的蚁群，都照得毫发毕现。

“怎么回事？太阳的亮度增强了吗？”若列好奇地问。

“不，元帅，是又出现了一个新太阳，月球在反射着它的光芒。那个太阳在罗拉西亚出现，正在把那个大陆烧焦。”

“冈瓦纳的太阳也该出现了。”

“这不是嘛，来了。”

更强的光芒从西方射来，很快淹没了一切。在被高温汽化之前，两只蚂蚁看到一轮雪亮的太阳从西方的地平线上迅速升起，那太阳的体积急剧膨胀，最后占据了半个天空，大地上的一切瞬间燃烧起来。反物质湮灭的海岸距这里有上千千米，冲击波要几十分钟后才能到达，但在这之前，一切都早已在烈火中结束了。

这是白垩纪的最后一天。

漫漫长夜

寒冬已持续了3000年。

在一个稍微暖和一些的正午，冈瓦纳大陆中部，有两只蚂蚁从深深的蚁穴中爬到地面。在没有生机的灰蒙蒙的天空中，太阳只是一团模糊的光晕，大地覆盖在厚厚的冰雪下，偶尔有一块岩石从雪中露出，黑乎乎的，格外醒目，极目望去，远方的山脉也是白色的。

蚂蚁A转过身来，打量着一个巨大的骨架。这种大骨架在大地上到处都有，由于也是白色的，同雪混在一起，从远处不易看到，但从这个角度看，在天空的背景上显得格外醒目。

“听说这种动物叫恐龙。”蚂蚁A说。

蚂蚁B转过身来，也凝视着天空中的骨架：“昨天夜里你听它们讲的那个关于神奇时代的传说了吗？”

“听了，它们说在几千年前，蚂蚁有过辉煌的时代。”

“是啊，它们说，那时的蚂蚁不是住在地下的洞穴中，而是生活在地面的大城市里，它们也不是由蚁后来生育的。那真是一个神奇的时代。”

“那个传说里面说，那个神奇时代是蚂蚁和恐龙一起创造的，恐龙没有灵巧的手，蚂蚁就为它们干细活儿；蚂蚁没有灵活的思想，恐龙就创造出了神奇的技术。”

“那个神奇的时代啊，蚂蚁和恐龙造出了许多大机器，建造了许多大城市，拥有了神一般的力量！”

“你听懂传说中关于那个世界毁灭的部分了吗？”

“听不太懂，好像很复杂的，恐龙世界里爆发了战争，蚂蚁和恐龙之间也爆发了战争……再到后来，地球上出现了两个太阳。”

蚂蚁A在寒风中打着抖：“唉，现在要是有个新太阳该有多好啊！”

“你不懂的！那两个太阳很可怕，把陆地上的一切都烧毁了！”

“那现在为什么这么冷呢？”

“这很复杂，好像是这么回事：在那两个新太阳出现以后的一段时间内，世界上确实很热，据说太阳附近的大地都熔成岩浆了！但后来，新太阳爆炸时激起的尘埃在空中遮住了旧太阳的阳光，世界就变冷了，变得比那两个太阳出现前还冷得多，也就是现在这个样子。恐龙那么大个儿，在那可怕的时代自然都死光了，但有一部分蚂蚁钻到地下，活了下来。”

“听说就在不久前蚂蚁还是识字的，现在，我们都不认识字了，那些古代留下来的书谁也读不了了。”

“我们在退化，照这样下去，我们很快就会退化成什么都不知道、只会筑穴觅食的小虫子了。”

“那有什么不好？在这个艰难的时代，懂得少些就舒服些。”

“那倒也是。”

……

“会不会有那么一天，世界又温暖起来，别的什么动物又建立起一个神奇时代？”

“有可能，我觉得那种动物应该既有足够大的大脑，又有灵巧的双手。”

“是的，但不能像恐龙那么大，它们吃得太多，生活会很难。”

“也不能像我们这么小，脑子不够大。”

“唉，这种神奇的动物怎么会出现呢？”

“我想会的，时间是无穷无尽的，什么都会出现，我告诉你吧，什么都会出现的。”

爱阅读 学生精读版 ★★★★★

课本里的作家

序号	作家	作品	年级
1	金　波	金波经典美文：第一辑 树与喜鹊	一年级
2	金　波	金波经典美文：第二辑 阳光	
3	金　波	金波经典美文：第三辑 雨点儿	
4	夏辇生	雷宝宝敲天鼓	
5	夏辇生	妈妈，我爱您	
6	叶圣陶	小小的船	
7	张秋生	来自大自然的歌	
8	薛卫民	有鸟窝的树	
9	樊发稼	说话	
10	圣　野	太阳公公，你早！	
11	程宏明	比尾巴	
12	柯　岩	春天的消息	
13	窦　植	香水姑娘	
14	胡木仁	会走的鸟窝	
15	胡木仁	小鸟的家	
16	胡木仁	绿色娃娃	
17	金　波	金波经典童话：沙滩上的童话	二年级
18	金　波	金波经典美文：一起长大的玩具	
19	高洪波	高洪波诗歌：彩色的梦	
20	冰　波	孤独的小螃蟹	
21	冰　波	企鹅寄冰·大象的耳朵	
22	张秋生	妈妈睡了·称赞	
23	孙幼军	小柳树和小枣树	
24	滕毓旭	神秘隐身人	
25	吴　然	吴然精选集：五彩路	三年级
26	叶圣陶	荷花·爬山虎的脚	
27	张秋生	铺满金色巴掌的水泥道	
28	王一梅	书本里的蚂蚁	
29	张继楼	童年七彩水墨画	
30	张之路	影子	

序号	作家	作品	年级
31	周　锐	慢性子裁缝和急性子顾客	三年级
32	张晓楠	一支铅笔的梦想	
33	洪汛涛	神笔马良·鸡与鹤	
34	曹文轩	曹文轩经典小说：芦花鞋	四年级
35	高洪波	高洪波精选集：陀螺	
36	吴　然	吴然精选集：珍珠雨	
37	叶君健	海的女儿	
38	茅　盾	天窗	
39	梁晓声	慈母情深	五年级
40	陈慧瑛	美丽的足迹	
41	丰子恺	沙坪小屋的鹅	
42	郭沫若	向着乐园前进	
43	叶文玲	我的“长生果”	
44	金　波	金波诗歌：我们去看海	六年级
45	肖复兴	肖复兴精选集：阳光的两种用法	
46	臧克家	有的人——臧克家诗歌精粹	
47	梁　衡	遥远的美丽	
48	钱万成	我从山中来	
49	臧克家	说和做——臧克家散文精粹	七年级
50	郭沫若	炉中煤·太阳礼赞	
51	刘慈欣	带上她的眼睛	
52	魏　巍	谁是最可爱的人	
53	贺敬之	回延安	八年级
54	刘成章	刘成章散文集：安塞腰鼓	
55	叶圣陶	苏州园林	
56	茅　盾	白杨礼赞	
57	严文井	永久的生命	
58	吴伯箫	吴伯箫散文选：记一辆纺车	
59	梁　衡	母亲石	
60	汪曾祺	昆明的雨	
61	曹文轩	曹文轩经典小说：孤独之旅	九年级
62	艾　青	我爱这土地	
63	卞之琳	断章	
64	梁实秋	记梁任公先生的一次演讲	高中
65	艾　青	大堰河——我的保姆	
66	郭沫若	立在地球边上放号	